Les Anabantoïdes

Horst Linke

# Le Monde multicolore des Macropodes, Combattants et autres Gouramis

Tetra

Photo de couverture : *Betta splendens,* forme d'élevage du combattant


Tetra Werke Dr. rer. nat. Ulrich Baensch GmbH
4520 Melle 1, Postfach 1580, Allemagne


Distribution pour la France:
Tetra France, 92407 Courbevoie Cedex
1ère édition française 1992

Druck: Druckerei Friedr. Schmücker, Löningen

Texte et photos: Horst Linke, Schwarzenbach am Wald
(photos p 68 et 105: Jürgen Schmidt, p 99: Dr. W. Foersch)
Composition: Fotosatz Hoffmann, Hennef

ISBN 3-89356-148-X

Horst Linke

# Les Anabantoïdes

## Le Monde multicolore des Macropodes, Combattants et autres Gouramis

Manuel d'identification, de maintenance et de reproduction

Ce livre est paru sous le titre original :
Labyrinthfische – Farbe im Aquarium

Traduction et adaptation : Patrick TAWIL

Tetra

# Avant-propos

La révision du genre *Betta* par Richter (1981 & 1982), dans laquelle ce genre est subdivisé en *Betta, Pseudobetta* et *Parophiocephalus* n'est pas reprise dans cet ouvrage. L'auteur ne suit pas cette nomenclature car certaines espèces du genre n'ont pas encore été observées vivantes. Ces espèces n'étant pour le moment connues que sous forme de matériel conservé, la biologie de leur reproduction n'a pas été étudiée, ce qui ne permet pas de les répartir dans les nouveaux genres.

Pour l'aide amicale que j'ai reçue, je voudrais remercier chaleureusement Mme le Dr. Sylvia BERNS, et Messieurs Dr. W. FOERSCH, Prof. Dr. W. LADIGES, Prof. Dr. Hans M. PETERS, J. GECK, T. SCHULZ, D. SCHALLER, Mme J. BAER, Mr. N. NEUGEBAUER, Dr. Digdo YUWONO, Dr. LIEM — Vivaria Indonesia.

Je dois également remercier mes amis associés, Mr. Otto SCHULZ, Mr. Klaus DERWANZ de Bangkok, le gérant de « Star Aquarium » à Bangkok, Mr. KREE Thammongkol, ainsi que mes amis du FITOBE, qui m'ont accompagné lors de nombreux voyages.

Je voudrais aussi remercier tout particulièrement le Père Heinz STROH, pour ses indications très constructives et abondantes sur de nombreux biotopes à Kalimantan.

Pour finir, je tiens à remercier les éditions Tetra, qui ont largement permis la parution de ce livre, avec ses nombreuses illustrations en couleurs.

Schwarzenbach am Wald,
octobre 1990 — Horst Linke

# Sommaire



## Les Anabantoïdes asiatiques

## Les Anabantoïdes africains

# Les Anabantoïdes

Les Anabantoïdes figurent incontestablement parmi les poissons d'ornement les plus intéressants et les plus joliment colorés. Ils sont le plus souvent très faciles à tenir en aquarium et n'exigent, sauf exception, aucun soin particulier pour leur maintenance. Ce sont des poissons d'eau douce, subtropicaux et tropicaux. Leur répartition géographique naturelle se limite à l'Afrique et à l'Asie. On trouve chez eux les modes de comportement les plus divers. Dans certaines espèces, les jeunes mâles sont si agressifs que la rencontre de deux d'entre eux mène souvent à un combat à mort.

Depuis plus de 100 ans, on connaît en Thaïlande les combats du « Pla-Kat » entre poissons qui se mordent et s'entre-déchirent : ces combats sont présentés comme des compétitions sportives. Ceux-ci mettent en jeu les formes sauvages des combattants *Betta splendens* et *Betta smaragdina.*

Pour leur reproduction, les Anabantoïdes confectionnent des nids ingénieux, faits de bulles d'air et qui, souvent renforcés

*Betta splendens*
**L'étreinte du frai typique des Anabantoïdes.**

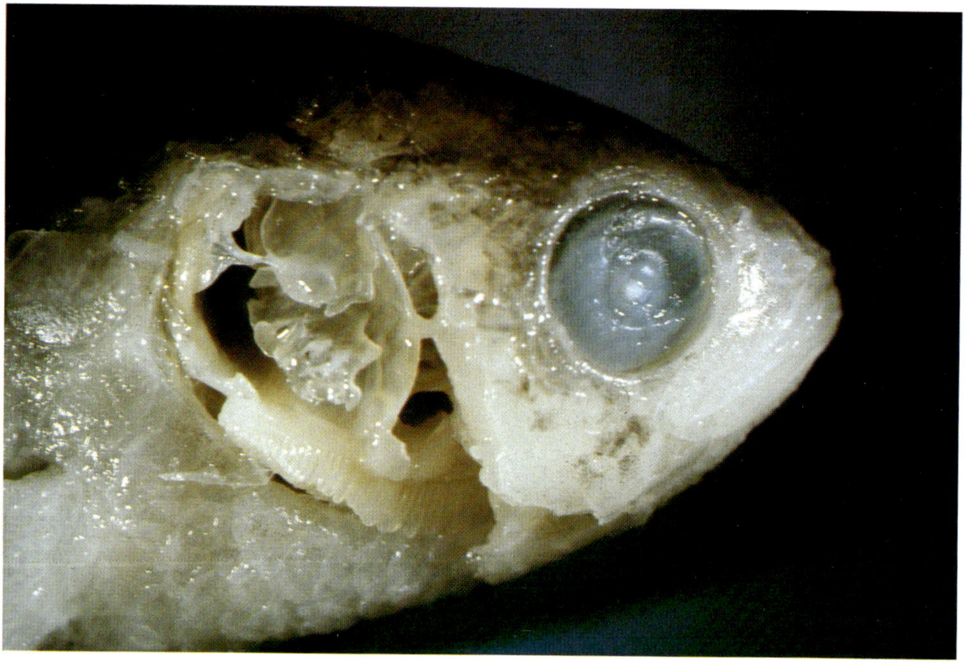

L'organe de respiration labyrinthiforme chez *Anabas testudineus*, après retrait de l'opercule.

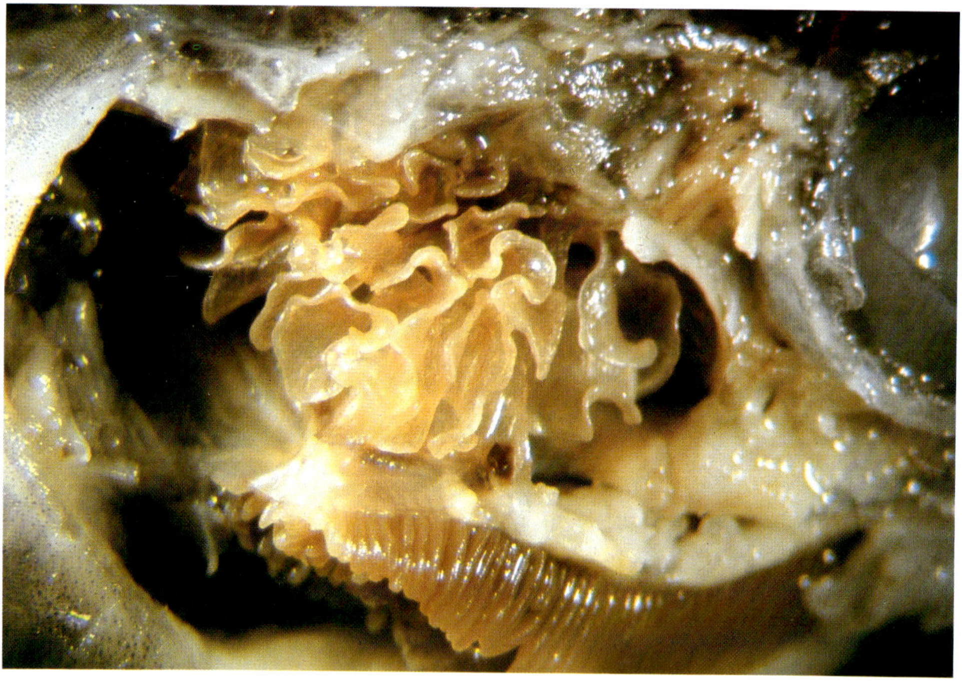

Gros plan du labyrinthe.

Combattants (de la forme sauvage) au marché dominical à Bangkok.

Jeunes Thaïlandais de Bangkok observant l'affrontement de combattants.

par des débris végétaux, sont installés à la surface de l'eau ou sous des abris, plus en profondeur. C'est là que les poissons frayent en s'étreignant. Certaines espèces se reproduisent sans construire de nid, mais chez toutes, le mâle étreint sa partenaire lors du frai.

La plupart des espèces prodiguent des soins à leur nichée. En général, c'est le mâle qui l'élève et la protège. Chez le Macropode de Ceylan, *Belontia signata,* les deux parents prennent en charge leur descendance pendant plusieurs semaines.

De nombreux anabantoïdes incubent leurs œufs en bouche. Certaines espèces émettent fréquemment divers bruits grinçants durant la parade nuptiale ou en présence de rivaux. Chez une espèce *(Helostoma temminckii)*, lors des conflits, les poissons se font face et accolent leurs lèvres épaisses, comme lors d'un baiser.

D'autres espèces peuvent même, par temps humide, sortir de l'eau pour ramper à la recherche d'autres espaces vitaux. Les Anabantoïdes comptent de bons sauteurs, qui se saisissent avec précision de leur nourriture en s'élançant hors de l'eau, ou qui capturent des insectes en crachant. C'est pour cela que les aquariums qui leur seront destinés devront être bien couverts, ou tout au moins abondamment garnis en plantes de surface.

Les Anabantoïdes ont en général besoin de chaleur. Comme ils viennent piper l'air en surface, il ne faut pas que cet air soit trop froid. Les différences de taille peuvent être surprenantes : la plus petite espèce ne mesure que 3 cm de long à l'âge adulte, alors que la plus grande atteint 70 cm. Ils ne sont pas seulement utilisés comme poissons d'ornement, mais aussi à des fins alimentaires : en Asie, les plus grandes espèces sont élevées en viviers, en pleine campagne. Nourris d'excréments de porc, ils deviennent vite de magnifiques spécimens.

Par des températures élevées, les poissons morts se dégradent rapidement et ne peuvent être transportés sur de longues distances. Par conséquent, les anabantoïdes, qui respirent l'air et qui peuvent être conservés vivants pendant de longues périodes dans un environnement humide, sont un bien précieux.

En outre, ils constituent une nourriture savoureuse : les gouramis géants, *Osphronemus goramy,* qui peuvent atteindre un poids de 7 kg, constituent un mets très raffiné. Il en est de même des gouramis embrasseurs, *Helostoma temminckii,* lesquels, bien que n'atteignant qu'un poids d'1 kg à l'âge adulte, sont très souvent proposés à la vente sur les marchés.

Dans la catégorie des poissons « utiles », figure également le Combattant siamois, *Betta splendens,* qui est élevé à des centaines de milliers d'exemplaires. De nombreuses familles thaïlandaises vivent de l'élevage de ces poissons. Les combattants ne sont pas seulement appréciés par les Asiatiques, mais sont également un article d'exportation très recherché.

Que regroupe le vocable de « poissons à labyrinthe » (Labyrinthfische en allemand, souvent traduit par le terme incorrect de Labyrinthidés) ? Ce sont des poissons qui disposent d'un organe de respiration accessoire, appelé labyrinthe, qui leur permet de respirer l'air atmosphérique, qu'ils viennent donc prendre à la surface de l'eau. Si on leur en interdit l'accès, la plupart des espèces suffoquent dans leur milieu naturel, l'eau. Seules quelques-unes disposent d'un système efficace de respiration branchiale qui leur permette de subvenir à leurs besoins en oxygène. Au moment de la prise d'air, l'aspiration se fait à travers la cavité buccale. L'air rejoint ensuite le labyrinthe, qui est constitué par un diverticule de la cavité branchiale, situé en haut et en arrière de celle-ci.

Dans ces cavités, situées des deux côtés de la tête, se trouvent des plaques osseuses disposées comme les pans d'un labyrinthe. Grâce à la peau très irriguée qui les recouvre, l'oxygène de l'air inspiré est capté par le sang. Cet organe de respiration permet aux poissons de vivre dans des milieux aquatiques pauvres en oxygène, dans des eaux insalubres et où règnent des températures élevées. La teneur en oxygène de ces eaux est si faible que la survie n'est possible entre les périodes de pluies que grâce à la respiration labyrinthique. Les espèces qui exigent des soins particuliers vivent généralement dans des courants d'eau riches en oxygène. Ces espèces peuvent également équilibrer leur respiration au moyen des branchies.

Du point de vue de la Systématique, les poissons à labyrinthe se classent dans la super-famille des Anabantoïdes, de l'ordre des Perciformes (poissons voisins de la Perche). Les espèces qui nous intéressent se divisent en quatre familles, comprenant trois sous-familles au total, lesquelles se répartissent en plusieurs genres.

**Famille 1 : Anabantidés**
Avec les genres *Anabas, Ctenopoma*

**Famille 2 : Belontiidés**
Sous-famille : Belontiinés
Avec le genre *Belontia*
Sous-famille : Macropodinés
Avec les genres *Betta, Macropodus, Malpulutta, Parosphromenus, Pseudosphromenus, Trichopsis*
Sous-famille : Trichogastérinés
Avec les genres *Colisa, Ctenops, Parasphaerichthys, Sphaerichthys, Trichogaster*

**Famille 3 : Helostomatidés**
Avec le genre *Helostoma*

**Famille 4 : Osphronemidés**
Avec le genre *Osphronemus*

Seules ces quatre familles seront traitées dans cet ouvrage. Les Luciocéphalidés *(Luciocephalus)* et les Channidés ou Têtes-de-serpents *(Channa),* qui se distinguent nettement par leur habitus et leur morphologie, sont ici exclus.

A cette occasion, il convient d'aborder ici un autre aspect de la Systématique : les désignations scientifiques, peu familières, irritent souvent les aquariophiles. Les noms vernaculaires sont volontiers utilisés, mais ils sont le plus souvent imprécis, à tel point qu'ils peuvent désigner deux poissons différents d'une région à l'autre, même à l'intérieur d'un même pays. C'est pourquoi le naturaliste suédois Carl von Linné établit une dénomination scientifique propre pour le Règne Animal comme base pour la nomenclature, toute espèce reconnue par la science étant désignée par un binome. Ainsi, si un aquariophile cherche à se renseigner sur le « poisson-de-brousse-léopard », il risque une erreur d'identification avec cette désignation imprécise. En revanche, la désignation « *Ctenopoma acutirostre* » renseigne quiconque sur l'identité exacte du poisson.

Cependant, le nom scientifique procure des renseignements plus amples. Restons sur le même exemple et mentionnons-le complètement, à savoir : *Ctenopma acutirostre* (Pellegrin, 1899). Le premier nom, « *Ctenopoma* », désigne le genre. Il permet de reconnaître de quel type de poisson il s'agit, et permet de savoir à quelle famille il appartient. Le second nom, « *acutirostre* », désigne l'espèce et commence toujours par une minuscule. Ce nom est prioritaire, ce qui implique que si le nom de genre devait changer, le poisson conserverait son nom spécifique, tel que l'a établi le premier descripteur. Comme les deux noms, générique et spécifique, doivent être en latin ou latinisés, le nom spécifique peut avoir le même genre grammatical que le nom générique, et doit alors s'accorder avec lui, en changeant de terminaison. Le troisième nom, suivi de l'année, « (Pellegrin, 1899) », indique que l'ichtyologiste français Pellegrin a décrit ce poisson en 1899. Les parenthèses signalent que le poisson a changé de genre depuis : Pellegrin a décrit cette espèce en 1899 sous *Anabas acutirostre.* Lorsqu'un deuxième nom est situé derrière le nom spécifique, comme par exemple chez *Trichogaster trichopterus sumatranus* Ladiges, 1933, il indique qu'il s'agit de la sous-espèce « *sumatranus* ». *Trichogaster trichopterus sumatranus* est donc une sous-espèce de *Trichogaster trichopterus,* appartient au genre *Trichogaster* et a été décrit par Ladiges en 1933. Ces considérations sur la désignation exacte de nos poissons peuvent sembler tortueuses, mais elles en démontrent l'utilité pour éviter les erreurs d'identification. Les noms vernaculaires, plus disparates, ne peuvent avoir qu'une signification d'appoint.

Pour finir, un petit aperçu sur la description des parties externes des Anabantoïdes. La tête désigne en général la partie qui va de l'extrémité du museau jusqu'à la portion arrière de l'opercule, c.-à-d. jusqu'à l'ouïe. Le tronc part de celle-ci et s'étend jusqu'à la hauteur de l'anus. La partie restante, qui va jusqu'à la racine de la nageoire caudale, est appelée la queue. Le pédoncule caudal se termine au même point, mais débute à l'extrémité arrière de la base de la nageoire anale. Les Anabantoïdes présentent une nageoire dorsale sur le dos, une nageoire pectorale sur chaque flanc et deux nageoires centrales, généralement à la hauteur des pectorales, souvent allongées, et en forme de filaments chez plusieurs espèces. La partie arrière du corps porte la nageoire anale en son dessous, et l'extrémité du pédoncule caudal porte la nageoire caudale. La longueur totale, ou tout simplement longueur, est toujours mesurée de la pointe du museau à l'extrémité de la nageoire caudale.

Ces considérations générales étant exposées, nous pouvons passer en revue individuellement les espèces. Celles-ci sont classées par ordre alphabétique sans considération pour la famille, la sous-famille ou l'espèce la plus voisine. Chaque fiche signalétique fournit une description détaillée de l'espèce considérée, assortie d'une illustration en couleurs. Les espèces dont aucune photo n'était disponible ne sont pas traitées ici. Vu qu'il s'agit le plus souvent d'espèces très rares, généralement non encore importées vivantes, j'espère que ces omissions ne causeront pas de difficultés d'identification.

Au cours de mes fréquents voyages en Afrique et en Asie, il m'est arrivé de capturer et d'importer moi-même de nombreuses espèces rares. Le regroupement du plus grand nombre d'espèces illustrées individuellement dans un même ouvrage a donc été rendu possible.

Les descriptions d'anabantoïdes qui suivent sont assorties d'observations détaillées sur leur milieu naturel, leurs modes de vie et leur reproduction. Ce livre étant également destiné à servir d'ouvrage de référence, certaines redites, concernant des espèces voisines, de comportement et de provenance semblables, sont inévitables.

# L'AQUARIUM MODERNE POUR ANABANTOÏDES

**Conditions techniques**

Lors des descriptions des diverses espèces, je reviendrai souvent sur les agencements d'aquarium qui leur conviennent spécifiquement ou qui conviennent aux espèces présentant des exigences ou un comportement similaires. Pour que vous puissiez vous faire une idée des conditions techniques nécessaires pour la maintenance des anabantoïdes, je voudrais tout d'abord vous décrire un grand et un petit aquarium pour anabantoïdes.

Lors de l'installation et de l'équipement d'un « grand » aquarium, les conditions suivantes doivent être strictement observées. Tout d'abord, il faut préparer un support destiné à recevoir l'aquarium. Pour cela, il existe un choix de petites armoires en bois qui s'adaptent aux meubles de l'appartement. Si l'on veut construire soi-même le support, il faudra s'assurer de sa stabilité, et s'assurer que le plancher peut en supporter le poids sans s'affaisser. Un aquarium d'une longueur de 130 cm, d'une

*Colisa labiosa*, forme d'élevage orange

largeur de 40 cm et d'une hauteur de 50 cm pèse, avec ses accessoires et sans son support, environ 300 kg. Par ailleurs, il faut veiller à faciliter l'observation de l'aquarium. Une hauteur équivalente à celle d'une position assise normale permet les meilleures observations. L'horizontalité du support doit être réglée au moyen d'un niveau à bulle d'air pour que, dans la partie supérieure de l'aquarium, le niveau d'eau soit régulier et accessible. De plus, la surface sur laquelle sera posé l'aquarium doit être propre et droite, pour lui éviter toute contrainte. Il faut également poser, à l'endroit prévu pour l'aquarium, une plaque de polystyrène expansé, d'une surface égale à celle de l'aquarium, pour que celui-ci puisse reposer sur une couche poreuse. Du fait que le polystyrène se déforme légèrement sous le poids, il est conseillé de découper, dans la partie centrale, 4 à 5 rectangles d'une dimension d'environ 200 mm × 150, pour éviter la fonte du matériau.

Les dimensions de l'aquarium dépendent des moyens dont dispose l'acheteur. Plus il est grand, plus la quantité d'eau est importante, et plus la qualité de l'eau sera constante. Un éclairage naturel pour l'aquarium est insuffisant, du fait des variations que subit cette lumière. Mieux vaut recourir à un éclairage artificiel. Quand l'aquarium est placé dans un endroit dégagé, d'où l'on peut l'observer d'en haut, on utilisera de préférence les lampes à vapeur de mercure, qui peuvent être suspendues au-dessus de l'aquarium. Si l'on préfère les tubes fluorescents, il faut tenir compte de leur longueur au moment de l'achat de l'aquarium. Les tubes fluorescents de 20 watts ont une longueur de 59 cm, ce qui, avec leurs douilles, donne une longueur totale de 65 cm. Ils conviennent par conséquent à un aquarium de 70 cm. Les tubes d'éclairage au néon de 40 watts ont une longueur de 120 cm, soit 126 cm avec les douilles. Ils iront donc pour un aquarium de 130 cm. Les tubes de 65 watts ont une longueur de 150 cm ce qui donne environ 166 cm avec les douilles : ils conviennent parfaitement à un aquarium de 170 cm.

Tout aquarium doit être pourvu d'un panneau arrière. Celui-ci accroît le sentiment de sécurité des poissons et met sensiblement en valeur le décor : les objets qui transparaissent à travers l'aquarium produisent un effet déplorable. Ce problème peut être résolu de diverses façons. Le commerce spécialisé propose divers types de panneaux arrière tels que posters, pouvant être appliqués sur la paroi externe de l'aquarium. Des panneaux en carton, de couleur foncée, peuvent également être utilisés à cette fin. Toutefois, à mon avis, l'idéal est une paroi arrière irrégulière et pourvue de petites cavités qui, placée à l'intérieur de l'aquarium, s'harmoniserait avec le décor subaquatique. Plusieurs essais ont été effectués dans ce domaine. On peut en fabriquer en ciment, en bois, en liège, ou en d'autres matériaux similaires. La formule la plus simple et la moins coûteuse, que l'on ne trouve, malheureusement, que très rarement dans le commerce spécialisé, consiste en une plaque de polystyrène, très facile à confectionner, même si l'on n'est pas doué pour le bricolage.

Voici, brièvement, comment procéder. On se procure des plaques de polystyrène, généralement vendues sous forme de plaques de 50 cm × 100 et d'une épaisseur de 10 mm ou plus. Pour la paroi arrière, il faut prendre des plaques de 50 mm d'épaisseur. Pour travailler ce matériau, un fer à souder de 50 W est ce qu'il y a de mieux. La pointe en cuivre du fer à souder devra être limée jusqu'à ce qu'elle prenne la forme d'un couteau. Avec un fer à souder chauffé, le polystyrène, qui est une sorte de mousse durcie, peut être coupé aussi facilement que du beurre. En tenant bien droite la pointe du fer à souder, on coupe les plaques sur mesure, après avoir déterminé les faces avant et arrière. Les flancs arrière doivent être taillés obliquement pour qu'ils s'adaptent mieux à l'aquarium et pour qu'ils ne heurtent pas les bords intérieurs. On peut avoir besoin de deux plaques, côte à côte, quand la longueur du bac dépasse le mètre. Il faudra séparer les plaques de telle sorte qu'elles puissent tenir debout, en parties égales sous le renfort, qui se trouve généralement au milieu de l'aquarium. Il est impératif que la paroi arrière en polystyrène s'adapte parfaitement, car la force ascensionnelle qui s'exerce sur le matériau pousse fortement les plaques vers le haut. Ensuite, pour obtenir la forme qui convient, il faut courber, au moyen d'une pince, la pointe du fer à souder en crochet, puis, avec cette pointe, on taille dans le polystyrène autant de « saucisses » que l'on veut, en laissant libre cours à sa fantaisie. De petites grottes et cavités, que l'on peut remplir de sable et garnir de petites plantes, améliorent la présentation. La solidité du matériau permet une grande diversité dans ce domaine. Une fois la paroi arrière installée, il se peut qu'elle présente un aspect rugueux et des angles saillants. Pour l'aplanir, il faut tenir la plaque de polystyrène au-dessus d'une bougie allumée ou d'un briquet à flamme moyenne, et laisser le matériau fondre jusqu'à ce que la surface et les angles soient arrondis. La paroi arrière est à présent prête et peut être peinte à votre goût. Pour ce faire, on utilise des peintures à dispersion non diluées, destinées à nuancer les peintures de recouvrement, et que l'on trouve dans les magasins spécialisés. Il est recommandé d'utiliser des couleurs foncées, comme le marron, le gris foncé ou le noir. Là aussi, chacun peut mélanger les teintes selon son goût. La peinture non diluée est appliquée, au moyen d'un pinceau, sur tous les côtés, y compris le côté arrière. Mais attention, la peinture, une fois sèche, ne pourra être détachée que très difficilement ou pas du tout des matériaux ou des habits sur lesquels elle s'est fixée. Avant qu'elle ne sèche, elle est encore soluble dans l'eau et tous les objets peuvent être nettoyés. Une fois la peinture terminée, laisser la paroi arrière sécher pendant deux ou trois jours à température ambiante. Ensuite, refaire une nouvelle couche de peinture et la laisser de nouveau sécher pendant deux ou trois jours. Avant de la mettre dans l'aquarium, il faut l'« arroser » pendant plusieurs heures. A cet effet, on la met dans un bac plein d'eau, tel que la baignoire, puis on la rince à l'eau fraîche. Traitées de cette manière, les parois arrière durent plusieurs années et ont été éprouvées dans des aquariums contenant des poissons très sensibles d'eau douce ou marins.

Le moment est venu d'essayer la paroi arrière dans l'aquarium auquel elle est destinée, et de s'assurer qu'elle s'adapte bien à sa place. Ensuite, il faut remplir le fond de l'aquarium. Je conseille pour cela de mettre du gravier fin et foncé, d'une granulométrie de 1 à 3 mm. Des graviers de diamètre supérieur, de la taille d'un petit pois ou d'un haricot, sont, d'après moi, à déconseiller, car ils se transforment rapidement en pièges à déchets. Je n'ai jamais vu de biotope en Afrique ou en Asie ayant un fond garni de gros graviers. Ce gravier doit être posé sans être lavé — à moins qu'il n'ait été souillé par d'autres matériaux — sur une épaisseur d'un centimètre. La présence d'un peu de glaise dans le gravier sera bénéfique pour la croissance des plantes.

Il faut maintenant élever la température de l'aquarium au moyen d'un câble chauffant. A cet effet, on branche le câble jusqu'à ce que sa température atteigne celle de la main, puis on le dispose sur le fond de gravier, que l'on aura aplani au préalable. La puissance de ce câble doit être de 0,2 à 0,3 W par litre d'eau à chauffer. On rajoute une nouvelle couche de gravier d'un centimètre d'épaisseur par dessus le câble chauffant, bien étalé sur toute la surface du fond. Pour que ce fond contienne les substances nutritives nécessaires aux plantes, on introduit dans l'aquarium une fine couche d'un stabilisateur de substances nutritives. Ce produit, Tetra Initial D, semblable à celui des fonds tropicaux, et une petite quantité de gravier sont mélangés et répartis sur l'ensemble du fond. Cette couche est ensuite recouverte d'une nouvelle couche de gravier correctement lavé, sur une épaisseur de 3 à 4 cm, qui doit être légèrement supérieure du côté arrière. On peut ensuite ajouter des objets de décoration, comme par exemple des racines de bois résineux et des pierres. Mais les pierres ne doivent pas contenir de calcaire, ce dont on peut s'assurer en versant dessus quelques gouttes d'acide chlorhydrique. Si la surface de la pierre se met à mousser, à se dissoudre au contact de l'acide, cela signifie qu'elle contient du calcaire et qu'elle ne convient pas. Les pièces décoratives doivent être fermement arrimées dans le gravier. Si l'aquarium contient des poissons qui remuent le fond, tels que des cichlidés nains, ces pièces doivent être posées directement sur le fond, car à force de remuer le gravier, les poissons pourraient provoquer la chute des objets décoratifs, tuant ainsi certains pensionnaires et endommageant les vitres de l'aquarium.

Outre les pierres et le bois, on peut utiliser pour la décoration des coquilles de noix de coco soigneusement lavées et pourvues d'une petite ouverture, qui s'insèrent harmonieusement dans le paysage aquatique. Après la décoration et la construction de grottes et d'édifices rocheux, on passe à l'étape du remplissage. Pour éviter que le jet d'eau ne déforme le fond, on recouvre celui-ci de papier sur lequel on pose un récipient ou un pot pas trop élevé. On verse alors l'eau avec précaution dans ce récipient, et non pas directement sur le fond, et on remplit l'aquarium jusqu'à la moitié. Malheureusement, il est rare que l'eau du robinet dont on dispose convienne parfaitement: elle est souvent dure ou mi-dure, et très minéralisée. Par conséquent, cette eau constitue, par sa teneur en ions hydrogène (que l'on exprime en pH), une solution basique ou alcaline, autrement dit non conforme au milieu naturel dans lequel vivent nos poissons.

Tout aquariophile devrait par conséquent déterminer par des mesures appropriées la teneur de l'eau du robinet qui lui parvient. Pour cela, Tetra propose des tests liquides très faciles d'emploi, avec lesquels on peut, en très peu de temps, savoir quelle est la dureté totale, la dureté carbonatée, la teneur en nitrites et le pH de son eau. Si l'on dispose d'eau de pluie propre, on pourra, en la mélangeant avec l'eau du robinet, se rapprocher de la teneur naturelle de l'eau. A cette occasion, je voudrais signaler que l'eau de pluie ou l'eau très douce et pauvre en minéraux est malheureusement souvent instable pour l'entretien normal, mais elle est idéale pour la reproduction. La meilleure valeur pour la maintenance normale se situe, d'après mon expérience, entre 9 et 12,5 °TH fr. pour la dureté totale et la dureté carbonatée, alors que le pH devrait rester stable entre 6,5 et 6,7.

Après avoir rempli l'aquarium d'eau jusqu'à la moitié, on peut commencer à installer des plantes. Pour l'arrière-plan de l'aquarium, il faut choisir des plantes à tiges érigées, qu'il faut piquer en groupes denses et concentriques à des distances de 1 à 2 cm. On ferait des économies mal placées en clairsemant les plantes, car seul un aquarium abondamment planté est agréable à voir, d'autant que cela donne aux poissons des possibilités de cachette. Par ailleurs, les plantes aquatiques ont une activité biologique considérable influant sur la qualité de l'eau, de sorte qu'il faudrait planter en groupes au moins 20 plantes à tige de toutes sortes. Les plantes choisies doivent avoir des feuilles et des couleurs variées. Les feuilles vert clair de *Cabomba caroliniana* peuvent être mises près des feuilles rouge-brun de *Rotala macrandra,* et les feuilles longues, effilées et vertes de *Hygrophila stricta* peuvent être mises près des mille-feuilles rouges *Myriophyllum « matogrossense ».* Les divers groupes peuvent être plantés séparément jusqu'à la moitié de la profondeur de l'aquarium. Les bords peuvent également contenir des plantes à tiges érigées poussant jusqu'à la surface de l'eau. A l'arrière-plan de l'aquarium, dans un espace libre de plantes, on peut mettre des fougères de Java, *Microsorium pteropus.* Il est toutefois conseillé de les fixer sur la paroi du fond. Pour les zones inférieures de l'aquarium, il faut choisir de petites plantes vivaces et buissonnantes.

Ainsi, un lotus tigré rouge ou vert, *Nymphaea lotus,* forme un buisson arrondi avec ses grandes feuilles, dont certaines flottent en surface et constituent des postes appréciés par les anabantoïdes. Il faut toutefois noter que toutes ces plantes doivent être à croissance rapide, afin d'absorber toutes les substances nutritives contenues dans l'aquarium nouvellement aménagé et enrayer ainsi, dès le début, l'apparition d'algues. Ce n'est que plusieurs semaines plus tard, quand l'aquarium est bien « achalandé » et quand les plantes s'y développent pleinement, que l'on peut y mettre des espèces difficiles à croissance lente. Chacun peut alors, selon son goût, choisir les plantes qu'il désire.

Après la mise en place des plantes dans l'aquarium, il faut ajouter de l'eau, avec précaution, jusqu'à la hauteur normale. Ensuite, on installe un filtre qui, pour un aquarium de 130 cm de long, doit avoir un rendement de 600 litres par heure. Le filtre, au-dessous de la pompe, ne doit être rempli que mécaniquement. Il est important que la sortie de l'eau soit à un niveau d'environ 2 à 3 cm sous la surface. Le courant d'eau qui entre peut remuer considérablement la surface de l'eau, alors qu'il vaut mieux éviter les tourbillons et les rejets. Il faut donc que ce courant soit dirigé du coin arrière de l'aquarium vers le premier tiers et jusqu'à la moitié de la partie frontale de l'aquarium, de sorte que la circulation de l'eau soit bien proportionnée. De plus, des expériences pratiques ont montré qu'il est avantageux que l'eau soit aspirée dans le même coin de l'aquarium que celui où elle sort. Le deuxième effet bénéfique de cette circulation d'eau est que presque tout le mulm qui se forme et qui pourrait passer à travers le gravier, est entraîné vers le filtre. Un avantage supplémentaire de la circulation d'eau est que les plantes reçoivent des substances nutritives en permanence, et que l'agitation à la surface de l'eau produit un apport d'oxygène complémentaire. L'ancienne méthode d'aération au moyen d'un diffuseur n'a plus sa place dans cet aquarium moderne. Elle est nécessaire uniquement pour les bacs de reproduction. Le filtre doit être habilement caché parmi les plantes, de façon à être hors du champ de vue de l'observateur. Les filtres à moteur, que l'on place hors de l'aquarium et qui font entrer et sortir l'eau de l'aquarium au moyen de tuyaux, ne constituent pas la solution idéale pour une bonne circulation de l'eau.

Pour la régulation automatique de la température d'un aquarium, on utilisera un thermostat. Un aquarium ainsi installé a toutefois encore besoin d'un éclairage pour permettre la croissance des plantes. Deux possibilités ont déjà été évoquées lors des recommandations d'installation. Avec les tubes fluorescents, la règle générale sera de 0,5 watts par litre d'eau de l'aquarium. De nouveaux types de lampes fluorescentes, les lampes à amalgame d'indium de la firme Osram, permettent de réduire quelque peu cette règle. Ces tubes fluorescents Lumilux ont, à l'inverse de ceux utilisés jusqu'à présent en aquariophilie Osram De Luxe, un rendement lumineux et chromatique de 70 %. Pour l'éclairage de l'aquarium, la solution préférée ici sera la lumière des Osram Lumilux 21 et 31. Toutefois, le rendement lumineux maximal ne sera atteint que si la température de fonctionnement est de 30 à 40 °C, ce qui signifie que les installations devront être couvertes, pouvant provoquer des températures élevées malgré l'aération. Les nouveaux tubes d'éclairage à fort rendement ne dispensent pas de songer à leur remplacement périodique. La puissance lumineuse d'un tube fluorescent est déjà réduite d'un tiers au bout d'une demi-année d'utilisation. De plus, la modification des couleurs émises peut freiner considérablement la croissance des plantes. En conséquence, il faudra procéder au remplacement des tubes à intervalles réguliers, sans les remplacer tous au même moment, mais au fur et à mesure et à des intervalles éloignés.

Dans les biotopes tropicaux des anabantoïdes, succède au jour une nuit presque aussi longue. Le jour ayant une durée de 12 heures, la nuit est donc de même durée. Ce rythme doit également être respecté pour l'éclairement de l'aquarium tous les jours, y compris pendant les vacances du soigneur, ses jours de travail ou de repos.

Nous en arrivons aux derniers accessoires techniques, qui concernent l'introduction d'un nutriment essentiel pour les plantes, évidemment présent dans la nature : le carbone. Pour être à la portée des plantes d'aquarium, ce carbone doit être introduit dans l'eau à l'aide de moyens techniques. L'apport de carbone, qui ne sera pris par les plantes que sous sa forme gazeuse ($CO_2$), n'est pas, comme beaucoup de gens le pensent, une nouveauté « dernier cri » et ne doit pas être considéré comme une mode. L'affirmation selon laquelle les aquariophiles d'autrefois ne disposaient pas de tels moyens et jouissaient d'une aussi bonne plantation est totalement fausse. Les « vieux briscards » de ces temps étaient, il y a environ 50 ans, plus conscients que nous voulons l'admettre aujourd'hui de l'utilité de l'acide carbonique comme engrais pour l'aquarium. Comme exemple, nous ne mentionnerons ici que le résultat des recherches de Mr. K. Heinrich de l'association «Nénuphar» à Berlin-Lichtenberg, qu'il publia dans un hebdomadaire de 1938: dans cet article, l'auteur constatait qu'après addition d'acide carbonique, les poissons montraient une plus belle coloration et un plus grand appétit, ce qui était vraisemblablement dû à la légère acidification provoquée par l'acide carbonique. Plus exactement, les plantes changeaient énormément après l'enrichissement au gaz carbonique. *Ambulia* voyait son diamètre caulinaire (diamètre de la tige) passer de 0,8 à 1,9 mm, *Aponogeton ulvaceus* voyait passer la taille de ses feuilles de 23 mm × 128 à 45 × 200 et *Cryptocoryne griffithii* de 35 mm × 65 à 65 × 128. *Ceratopteris thalictroides,* plantée jeune à la taille de 20 mm, atteignait une hauteur de 270 mm en huit semaines.

Ce petit aperçu montre que l'on avait pris conscience très tôt de l'importance de l'introduction de $CO_2$ comme nutriment pour les plantes. Cette introduction peut être obtenue des façons les plus diverses. Les manipulations du type «bouteille de levure de bière» sont définitivement écartées, leur utilisation étant polluante pour l'eau de l'aquarium. L'émission directe d'acide carbonique est très dangereuse et peut, en cas de mauvais réglage, mener très vite à l'empoisonnement des poissons. Comme l'eau de l'aquarium, selon sa teneur en calcaire, accepte des quantités très variables d'acide carbonique, l'addition de $CO_2$ par un diffuseur est la méthode la plus simple et la plus sûre.

Pour ce faire, le plus simple est l'utilisation d'un tube diffuseur de $CO_2$ Tetra, qui sera fixé à la partie supérieure des faces latérales à l'aide de ventouses, et qui permettra l'addition d'acide carbonique dans l'eau dans les quantités requises. La quantité de tubes installés sera établie en fonction de la dureté carbonatée et du volume de l'eau à traiter. Ces tubes, munis d'une soupape réglable, seront alors remplis de $CO_2$, qu'ils diffuseront, à travers l'eau de l'aquarium, jusqu'aux plantes.

Ainsi s'agence le «grand aquarium pour anabantoïdes». Il convient toutefois d'attendre encore 14 jours avant d'introduire des poissons, de façon à ce que l'aquarium se stabilise. De même que la température souhaitée sera régulièrement contrôlée à l'aide d'un thermomètre, tous les accessoires doivent être soumis à des vérifications de fonctionnement dans les jours qui suivent. Après deux semaines, on sera assuré que tout est en ordre, et les premiers succès de croissance seront alors déjà manifestes.

J'ai tenté ici de vous faire prendre connaissance des techniques les plus modernes et les plus récentes de l'aquariophilie. Pour beaucoup d'aquariophiles toutefois, tout ceci est déjà de l'histoire ancienne, ces principes étant appliqués depuis longtemps.

Pour finir, récapitulons les points les plus importants:

- Le châssis doit être stable et orienté de façon à permettre un entretien commode de l'aquarium.
- La surface du support doit être horizontale et sera recouverte d'une plaque de polystyrène de 5 à 10 mm d'épaisseur.
- Vient ensuite le matériel de chauffage, qui, par la répartition de la chaleur, provoque un léger courant d'eau dans le sol, permettant d'y faire circuler l'oxygène. Il n'y a pas d'instillation d'eau dans le sol, cette solution ayant été écartée.
- Si l'on décide d'installer un décor arrière, celui-ci devra être adapté à l'aquarium.
- Le sol sera constitué de gravier fin et sombre, d'abord non lavé et additionné de Tetra Initial D favorisant la croissance des plantes, puis recouvert d'une couche de gravier lavé, fin et sombre.
- Les matériaux de décoration, tels que racines de tourbière et pierres non calcaires, seront introduits et fermement stabilisés sur le fond.
- Ensuite, l'eau sera précautionneusement versée jusqu'à mi-hauteur.
- Les grandes plantes seront piquées en groupes à l'arrière et sur les côtés. Les plantes en petites touffes ou de taille inférieure occuperont le centre et la partie avant.

- Une plantation dense d'env. 200 à 250 plantes sera préférable pour un fond de 130 cm par 40, car une plantation riche et saine contribue à un bon entretien de l'eau, et une eau saine implique des poissons en bonne santé.
- Ensuite, on complètera précautionneusement le remplissage de l'eau.
- Une pompe à eau servira à provoquer un courant, pour l'enrichissement en oxygène, pour véhiculer les nutriments vers les plantes et pour nettoyer le mulm et les déchets dans l'aquarium. Elle aura un débit minimal de 600 litres par heure pour un aquarium de 130 cm de long.
- Le type d'éclairage retenu est secondaire, c'est la quantité de lumière qui est essentielle. La règle générale est de 0,5 W par litre de contenance. L'utilisation d'un interrupteur horaire est requise.
- La lumière doit être fournie 12 heures par jour, autant que possible selon un rythme quotidien régulier.
- Un enrichissement en $CO_2$ favorisera une croissance saine et vigoureuse des plantes.
- Un thermomètre est indispensable pour le contrôle de la température.
- Les poissons ne devront être introduits qu'après 14 jours, de façon à permettre à l'aquarium nouvellement installé de se stabiliser.
- Plusieurs poissons alguivores seront introduits rapidement, de façon à pallier le risque de formation d'algues, qui peut être rencontré pendant la phase d'installation.
- Deux à trois semaines après l'introduction des poissons, un changement de l'eau doit être effectué, d'un tiers à un quart de la contenance de l'aquarium. Ensuite, des changements d'eau devront être effectués régulièrement à intervalles de 15 jours.

Un aquarium ainsi agencé procurera beaucoup de plaisir et constituera une belle décoration d'intérieur. En ce qui concerne le « petit aquarium pour anabantoïdes », signalons qu'il ne se distingue que de peu de l'agencement du « grand ». On ne descendra pas en dessous d'une longueur de 70 cm. Cette taille conviendra pour un éclairage au moyen de tubes fluorescents de 20 watts, qui, avec les douilles, ont une longueur totale de 66 cm, ce qui est idéal pour un aquarium de 70 cm de long.

Pour tous les détails techniques de l'installation, on se reportera au « grand aquarium ». Seule la pompe à eau peut avoir un débit inférieur, d'environ 200 litres par heure. Là aussi, on aura recours à des pompes immergées. Eviter absolument les bouillonnements, qui entraîneraient une aération, ce qui expulserait l'acide carbonique difficilement introduit et priverait les plantes de leur plus important nutriment, le $CO_2$.

Les deux formes d'aquarium nécessitent un changement régulier de l'eau à intervalles de deux semaines, ainsi qu'une fertilisation des plantes, de préférence avec un engrais complexe tel que Tetra Crypto qui, grâce à son complexe actif EDTA, constitue un engrais idéal et à longue action.

# Les Anabantoïdes asiatiques

## Anabas testudineus
(BLOCH, 1795)

Avec une longueur atteignant 25 cm, cette espèce ne convient pas pour une maintenance normale en compagnie de petits poissons. Comme elle se rencontre dans des régions géographiquement très diverses, son apparence est très variable. Il y a de ce fait peu à dire sur sa coloration spécifique.

La distinction des sexes est difficile. En général, les mâles sont plus sombres et ont une nageoire anale terminée en pointe.

### Milieu naturel

Il englobe une grande partie du Sud-Est asiatique. Cette espèce étant également élevée pour l'alimentation, son aire de répartition originelle n'est pas encore clairement établie. On rencontre aujourd'hui *Anabas testudineus* dans les pays du Sri Lanka (Ceylan), Thaïlande, Malaisie, Indonésie, Cambodge, Viêtnam, et jusque dans le sud de la Chine. Ces prédateurs vivent le plus souvent dans des retenues d'eau, ou dans des dépressions du sol, guettant leurs proies, soigneusement camouflés parmi les plantes des berges. De fait, les caractéristiques de leurs eaux d'origine sont très diverses et d'importance mineure pour leur maintenance. La température oscille entre 20 et 25 °C, selon la localité et la période de l'année. Comme le signale leur nom commun de « Perches grimpeuses », ils sont capables de quitter les eaux de leur biotope lorsque celui-ci se dégrade, et de ramper à la recherche de meilleures conditions de vie. Au cours de cette reptation, ils utilisent leurs nageoires pectorales, leurs opercules et leur pédoncule caudal. Escaladant les rives, généralement pendant les heures humides de la nuit ou du matin, ils se rendent vers un autre point

*Anabas testudineus*

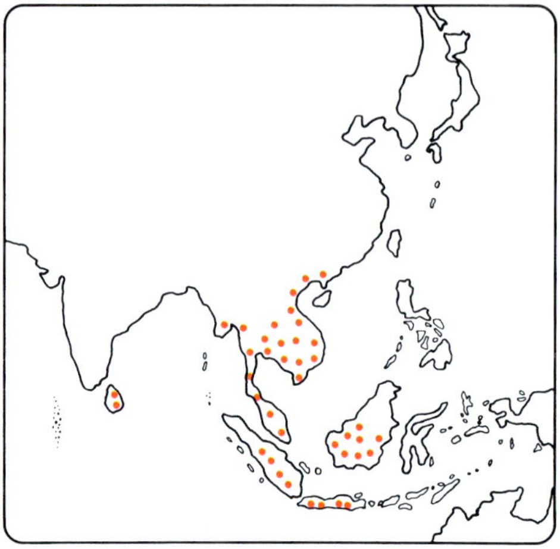

Répartition géographique de *Anabas testudineus.*

d'eau situé à plusieurs mètres de distance. Ces poissons « grimpent » sur des distances réputées atteindre jusqu'à 100 mètres. Ces randonnées, à destination bien déterminée, sont donc particulièrement remarquables. Ces poissons étant très appréciés par les indigènes, ceux-ci les capturent en groupe lors de telles excursions.

## Maintenance

Cette espèce doit être placée dans un aquarium d'une longueur minimale de 70 cm pour 40 cm de large et 40 cm de haut. Le sol doit être constitué d'un gravier de 1 à 3 mm de granulométrie.

Une plantation à l'aide d'espèces « dures » telles que *Vallisneria gigantea,* la Vallisnérie géante, *Anubias lanceolata* et

*Anabas testudineus* en vadrouille.

*Anubias nana,* ainsi que des plantes à grandes feuilles telles que *Echinodorus cordifolius* et fougères telles que *Bolbitis heudelotii* est préférable, vu que certaines formes géographiques de cette espèce saccagent les plantes. La décoration sera en outre agrémentée de racines de tourbière et de roches formant des cavités, ainsi que par des fougères de Java, *Microsorium pteropus,* au caractère décoratif réputé.

Des plantes flottantes telles que *Ceratopteris pteridoides* ou *Pistia stratiotes* accroîtront le sentiment de sécurité de ces poissons, qui sont particulièrement timides.

L'éclairage d'un tel aquarium sera normal. Un bon filtre interne, tel que le Tetra Brillant, fera l'affaire. La température de l'eau doit osciller entre 25 et 28 °C, ce qui se rapproche des conditions naturelles.

Les caractéristiques de l'eau sont accessoires, seul un renouvellement de celle-ci toutes les 2 à 4 semaines ($^1/_3$ du volume de l'aquarium) devra, bien entendu, être effectué. Le bac doit être bien couvert, *Anabas testudineus* n'étant pas seulement un bon vadrouilleur mais aussi un sauteur obstiné. En bac communautaire, on ne doit introduire que des espèces de grande taille et de robustesse semblable, telles que des cichlidés de taille moyenne ou des grands gouramis des genres *Trichogaster,* ainsi que des *Ctenopoma* tels que *C. kingsleyae* ou *C. multispinis,* entre autres. Cette espèce étant prédatrice, son régime alimentaire devra comporter des aliments consistants. TetraMin et, surtout, TetraPhyll, constitueront des nourritures de complément très appréciées. De même, TetraTips FD, composé de foie de bœuf, de tubifex, de larves de moustiques et de crevettes, fournira un apport alimentaire très consistant pour cette espèce. Bien soignés, ces poissons s'accoutumeront à la main qui les nourrit et viendront prendre les aliments qui leur sont proposés directement entre les doigts.

## Reproduction

On ne connaît pour l'heure que peu de choses à ce sujet. Si l'on veut tenter la reproduction de cette espèce, il convient d'installer un grand bac, d'une taille minimale de 160 cm de long par 50 de large. La hauteur d'eau sera fixée aux alentours de 20 cm, et la végétation la plus appropriée sera constituée de plantes flottantes. Les poissons pondent au cours d'étreintes en eau libre sans construction de nid. Les œufs remontent en surface, où ils se développent alors. L'espèce est très prolifique. Après le frai, on retire les partenaires du bac de reproduction.

*Anabas testudineus,* la perche grimpeuse asiatique, est un prédateur qui abonde jusque dans les rizières et leurs canaux d'irrigation.

L'opinion qui prévaut actuellement est que la deuxième forme de perche grimpeuse, qui avait jusqu'ici été considérée comme synonyme de *Anabas testudineus,* est une espèce à part entière, comme le démontrent de récentes études.

## Anabas oligolepis

(BLEEKER, 1855)

Cette deuxième espèce se distingue de *Anabas testudineus* par une morphologie plus élevée, moins d'écailles dans la ligne latérale, un nombre inférieur de rayons épineux et un nombre plus élevé de rayons mous dans la nageoire dorsale. En outre, les nageoires pectorales sont plus courtes et le museau plus allongé. L'absence de tache sombre à la base de la nageoire caudale est toutefois plus frappante. Mais ce critère de distinction ne semble guère déterminant, car cette tache peut également être présente chez cette espèce. La taille doit être voisine de celle de *Anabas testudineus,* bien que selon mes observations personnelles au Bangla Desh, cette espèce reste légèrement plus petite avec 15 à 18 cm de longueur totale. Les poissons sont d'une très jolie couleur vert sombre, finement réhaussé d'un élégant reflet cuivré. Malheureusement, cette coloration disparaît en aquarium.

Les espèces du genre *Anabas* vivent toutes deux au Bangla Desh. Elles habitent les mêmes biotopes, en particulier dans l'ouest du pays. Leur habitat est très abondamment réparti. Ce sont des poissons appréciés pour l'alimentation, que l'on trouve en grandes quantités sur les marchés locaux.

## Milieu naturel

Le biotope de ces poissons n'est pas clairement défini, vu qu'on les capture dans toutes les eaux. Ils vivent toutefois de préférence dans les eaux stagnantes richement plantées et abondamment recouvertes de plantes flottantes, en particulier de jacinthes d'eau. On les trouve aussi, par endroits, dans les cours d'eau à courant fort et dans les grands fleuves du pays. Ces eaux sont essentiellement douces à mi-dures, et neutres à légèrement alcalines.

*Anabas oligolepis* après sa capture, au Bangla Desh.

## Belontia hasselti

(CUVIER, 1831)
Macropode à queue alvéolée

Moins connue que la suivante, cette espèce de *Belontia* atteint une longueur d'environ 20 cm, les femelles restant plus petites. Les sexes peuvent être distingués chez les sujets bien développés. Les mâles ont des nageoires dorsale, caudale et anale plus longues et plus grandes. Cette espèce est généralement plutôt timide et non agressive envers ses compagnons. Ces poissons donnent souvent l'impression d'être en mauvais état général, car ils reposent sur le sol, souvent appuyés sur les plantes ou les pierres. Toutefois, ce comportement est normal chez cette espèce, qui doit impérativement être tenue en grand bac, la formule du « grand aquarium pour anabantoïdes » étant un minimum.

Répartition géographique de *Belontia hasselti.*

### Milieu naturel

La Malaisie, Bornéo et l'île de Sumatra.

*Belontia hasselti*

## Belontia signata
(GÜNTHER, 1861)
Macropode de Ceylan

Cette espèce endémique du Sri Lanka atteint 12 cm et peut être considérée comme peu agressive. Bien au contraire, ces poissons sont plutôt timides et n'extériorisent leur comportement, ainsi que leurs couleurs vives, que si leur maintenance est adéquate. La distinction des sexes est difficile, et on ne peut généralement reconnaître que les femelles gravides, au développement plus marqué de leur région abdominale.

### Milieu naturel
Son habitat, situé à l'intérieur de l'île, est constitué principalement de petits cours d'eau étroits à courant léger, mais parfois aussi de plus grands. Cette espèce se rencontre également dans la région de la forêt de Kottawa (*voir Malpulutta kretseri*). Elle vit très dissimulée, le plus souvent à proximité

*Belontia signata*

des rives, sous les talus ou au milieu de grands massifs de plantes.

Répartition géographique de *Belontia signata.*

## Reproduction

Les caractéristiques de l'eau correspondent à celles du tableau 4 (*page 96*), mais leur respect n'est pas primordial. Si l'on veut reproduire *Belontia signata,* on doit lui offrir un grand bac, d'une taille minimale de 100 cm × 50 × 40, pourvu d'une végétation abondante. Si l'harmonie règne entre deux *Belontia signata* placés dans un aquarium comme celui-ci, on peut considérer qu'on est en présence d'un couple susceptible de se reproduire.

Cette espèce fait partie des constructeurs de nids d'écume, bien que l'élaboration de ceux-ci n'a que rarement lieu avant le frai. L'émission des œufs se produit au cours de l'étreinte des partenaires, habituelle chez les anabantoïdes. Ces œufs sont rassemblés sous la surface, où ils sont entourés de bulles d'air formées à l'aide de sécrétions buccales. Les deux partenaires se partagent les soins aux jeunes, car ils protègent et soignent leur progéniture dans une vraie cellule parentale jusqu'à l'âge de 6 semaines, comportement rare chez les anabantoïdes.

## Maintenance

Seuls de grands aquariums, d'une longueur minimale de 130 cm, ce qui correspond au « grand aquarium pour anabantoïdes », conviennent pour la maintenance de *Belontia signata.* Une plantation riche, des racines de tourbière et des édifices rocheux avec cavités feront un agencement idéal. Des plantes flottantes, qui recouvriront partiellement la surface de l'eau, compléteront le tableau. Un gravier de 3 mm de granulométrie constituera le sol. Un arrière-plan sombre ainsi qu'une mise en communauté avec de grands poissons rendent le Macropode de Ceylan timide. Mieux vaudra le tenir en compagnie de petites espèces délicates. Le petit tétra néon, par exemple, ne court pas de danger en sa compagnie.

La température normale peut se situer aux alentours de 25 °C, et l'eau ne doit pas être trop dure et minéralisée, ce qui peut être aisément mesuré avec les liquides de TetraTest TH et TetraTest THCa. Des valeurs de 27 °TH fr. de dureté totale et 21 °THCa fr. de dureté carbonatée, avec un pH de 7, doivent être prises comme limites supérieures.

Biotope de *Belontia signata* dans le sud de l'île du Sri Lanka.

## ➧ *Betta anabatoides*
BLEEKER, 1850

Cette espèce atteignant environ 10 cm de longueur totale fait partie des combattants rarement maintenus, et n'a par conséquent que très peu été observée. Heureusement, il y a peu, la capture de cette espèce au cours d'un voyage et son introduction en Allemagne ont été menées à bien. La distinction des sexes est difficile, les mâles sont généralement plus colorés et présentent des nageoires légèrement plus longues.

## *Milieu naturel*
La patrie de cette espèce est vraisemblablement restreinte à la partie sud de Bornéo, plus précisément désignée sous le nom de Kalimantan, la partie indonésienne de l'île de Bornéo. Sa provenance des îles avoisinantes de Sumatra et Singapour est sujette à caution. Par contre, son aire de répartition dans le sud de Bornéo est vaste et l'espèce

Répartition géographique de *Betta anabatoides*.

*Betta anabatoides*

est largement répandue et abondante dans les captures, aux côtés de *Betta edithae.*

Les cours d'eau sont très clairs et légèrement brunâtres. L'eau est très douce et faiblement minéralisée, la conductivité comprise entre 5 et 30 µS/cm env., à une température d'eau de 27 à 30 °C. Le pH est nettement acide, des valeurs de 4,8 ou même moins ayant été relevées. L'espèce préfère la proximité des rives, où elle se tient au milieu d'une végétation dense.

## Maintenance

D'après son mode de vie en milieu naturel, on peut tirer les conclusions suivantes: l'aquarium ne doit pas être trop petit, des bacs d'une longueur à partir de 100 cm étant préférables. Cette espèce étant paisible à l'égard de ses semblables, on peut en tenir plusieurs individus ensemble. Une plantation dense par endroits est conseillée, cette espèce étant plutôt timide.

## Reproduction

Autant que l'on sache, à l'heure actuelle, la reproduction de cette espèce n'a pas encore été obtenue. *Betta anabatoides* fait partie des combattants à incubation buccale.

Un canal inondé aux abords d'un fleuve de la forêt vierge du sud de Bornéo, biotope de diverses espèces de *Betta.*

## ➧ *Betta bellica*

SAUVAGE, 1884

Le Combattant belliqueux

Importé pour la première fois en 1913, *Betta bellica* est l'une des plus grandes espèces de combattants constructeurs de nids de bulles. Son qualificatif de belliqueux conviendrait davantage à *Betta splendens*. *Betta bellica* atteint une longueur totale d'environ 11 cm. Le dimorphisme sexuel est déjà perceptible chez les individus atteignant la moitié de cette taille. Les mâles sont plus fortement colorés et possèdent des nageoires plus allongées. Les nageoires caudale et anale en particulier, légèrement «frangées», sont caractéristiques. Alors que les femelles présentent une caudale arrondie, celle des mâles est lancéolée, du fait de l'allongement des rayons centraux. Cette espèce a été décrite de la région du Perak, en Malaisie de l'Ouest, sur la péninsule malaise. Vierke les a observés près de Ayer Hitam, dans le fossé du bord d'une route. L'eau y était très douce et acide. Le pH était de 4,6 et la conductivité était stabilisée à 33 µS/cm à 28 °C. Il sera nécessaire d'approcher ces valeurs pour une maintenance optimale, et en particulier pour la reproduction. L'aquarium devra être densément pourvu en végétation, en particulier de plantes s'étalant en surface ou de plantes flottantes. Des racines de tourbière et de petites cavités seront particulièrement appréciées. La reproduction est malheureusement encore mal maîtrisée. Il est préférable de tenir ces poissons en couples.

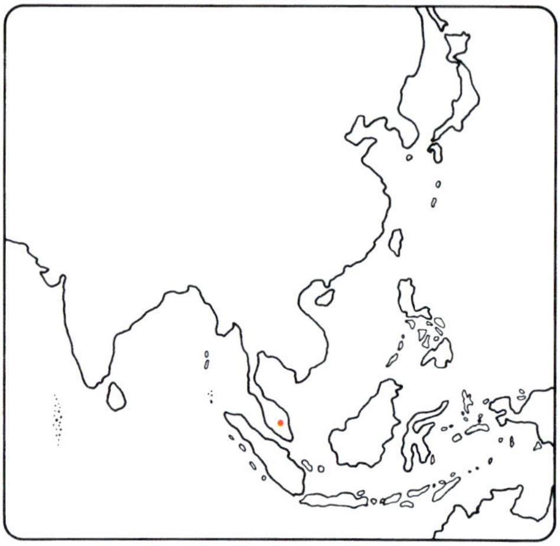

Répartition géographique de *Betta bellica*.

*Betta bellica*

## ➧ *Betta climacura*

VIERKE, 1988

Répartition géographique de *Betta climacura.*

Cette espèce a été décrite il y a peu d'années par le Dr. Jörg Vierke. Il s'agit d'un combattant à incubation buccale, qui atteint une longueur totale de 12 cm. Lors de la description de l'espèce, Vierke note que : « La coloration en vie est très variable. Seuls les mâles présentent la structure en échelon dans la nageoire caudale. Les écailles du corps luisent de vert ou de bleu ou de doré, selon l'angle d'incidence de la lumière. Les écailles bleues de la région operculaire, caractéristiques de *Betta pugnax*, sont absentes. Lors de la ponte, les femelles présentent le patron mélanique typique de l'espèce, constitué de trois rayures longitudinales, dont la médiane débute sur le bord arrière de l'œil, passe immédiatement au-dessus de la base de la pectorale et fusionne avec la strie inférieure en arrière de la nageoire dorsale. La strie inférieure débute à peu près à la hauteur de la cinquième écaille corporelle. La bande résultant de la fusion des stries médiane et inférieure se termine à la base de la caudale, en une tache plus ou moins nette. La strie supérieure est souvent moins prononcée. » L'espèce est originaire du nord de Bornéo. Elle se rencontre en de nombreuses régions de Sarawak. J'ai pu relever la présence de ces poissons en 1980 dans la région de Sungai Sekerang (Skrang River), dans la région de Bandar Sri Aman, au Sarawak.

*Betta climacura*

## Betta coccina
VIERKE, 1979
Le Combattant rouge

Cette espèce de combattant, de découverte récente, est un membre pacifique des constructeurs de nids de bulles. Atteignant 6 cm de longueur totale, elle fait partie des *Betta* les plus joliment colorés.

Les premiers spécimens furent importés par la firme Vivaria (Jakarta, Indonésie), en provenance de Jambi, dans le centre de Sumatra. Malheureusement, on ne sait rien de leur écologie. Nagy mentionne leur présence dans le sud de la péninsule malaise, en 1986.

Nous avons trouvé *Betta coccina* aussi bien dans des eaux noires que claires. Le pH se situait entre 4,1 et 4,6 et la conductivité entre 27 et 35 µS/cm, aussi bien pendant la saison des pluies (cours d'eau en crue) que pendant la saison sèche, au cours de laquelle seuls les ruisseaux principaux étaient encore en eau. Quelques centaines de mètres en aval, le pH tombait à 3,8, alors que la conductivité atteignait 50 à 75 µS/cm. Après évacuation de l'acide carbonique, le pH se stabilisait entre 5,5 et 5,8. La température se situait entre 25 et 27 °C.

En conclusion, ces observations permettent de dire que pour la maintenance en aquarium, l'eau devra être de bonne qualité, douce et acide. D'après mon expérience personnelle, le pH optimal se situe aux alentours de 4,5.

Répartition géographique de *Betta coccina.*

*Betta coccina*

## ➧ *Betta edithae*
VIERKE, 1984

Cette nouvelle espèce de combattant à incubation buccale fut découverte en 1979 dans la forêt marécageuse de Kalimantan (sud-Bornéo), par Mme E. Korthaus et le Dr. W. Foersch, qui en capturèrent de nombreux exemplaires sur les rives d'un fossé inondé. La plus grande taille connue est de 65 mm de longueur totale. Cette espèce appartient indubitablement aux incubateurs buccaux. Selon les observations de Foersch sur leur reproduction, ces poissons fraient comme les autres *Betta* à incubation buccale. Le mâle recueille les œufs dans sa bouche et s'occupe des alevins jusqu'à douze jours après l'éclosion. Foersch put également établir que les portées peuvent dépasser 125 petits. Cette espèce très prolifique est largement répandue au Kalimantan et relativement facile à reproduire.

Répartition géographique de *Betta edithae.*

*Betta edithae*

## ➧ *Betta foerschi*

VIERKE, 1979

Comme la précédente, cette espèce est de petite taille et de découverte récente. Elle est dédiée au Dr. Walter Foersch, en raison des nombreuses prospections et études des Anabantoïdes qu'il a effectuées ces dernières années. Les membres de cette espèce atteignent environ 65 mm de longueur. Leur morphologie est élancée, et leur comportement intraspécifique très agressif. D'une manière générale, ils se sont avérés très timides. Les sexes sont particulièrement faciles à distinguer: les bandes situées sur l'opercule sont bordées d'or chez les mâles et de bleu-rouge chez les femelles.

Répartition géographique de *Betta foerschi.*

## *Milieu naturel*

Le milieu naturel de cette espèce se trouve environ 75 km au nord-ouest de Sampit, dans la région de Palangan. L'eau y est très douce et très acide (pH 5,2) et d'une température d'environ 25 °C. Son mode de reproduction est encore inconnu.

*Betta foerschi*

## *Betta fusca*
REGAN, 1909

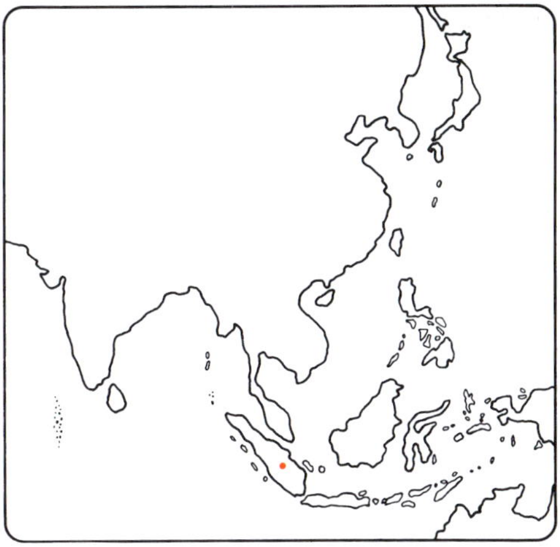

Répartition géographique de *Betta fusca*.

Cette espèce n'a que rarement été observée en aquarium. Ces poissons très rarement importés font partie du groupe *Betta pugnax*, et, bien qu'il n'existe pas de rapport d'une reproduction réussie, ils font sans aucun doute partie des espèces à incubation buccale. Je dois le spécimen représenté ici à l'amabilité du Dr. Yuwono de Vivaria Indonesia. A la suite de recherches minutieuses, J. Schmidt l'a identifié comme étant *Betta fusca*. Ces poissons proviennent de l'aire de Pakanbaru dans le district de Rian, dans le centre de Sumatra. *Betta fusca* présente beaucoup de similitudes avec *Betta pugnax*. Comme ceux de cette dernière espèce, les mâles présentent des écailles vert vif sur les opercules. Parmi les critères de distinction, J. Schmidt écrit: « La morphologie de *Betta fusca* reste plus élancée que chez d'autres combattants incubateurs buccaux à nageoires effilées. Le corps de *Betta fusca* est brun rougeâtre, les reflets sur les écailles des mâles forment une série de lignes typiques de l'espèce. Les nageoires sont très allongées, quoique à un degré moindre que chez d'autres espèces et formes de *Betta pugnax*. La bouche est terminale, légèrement supère, tout comme chez *Betta pugnax*. »

*Betta fusca*

## *Betta imbellis*
LADIGES, 1975
Le Combattant pacifique

Avec ses 5 cm de long, *Betta imbellis* est l'un des plus petits et des plus beaux combattants. Récemment découvert, il est connu pour son caractère paisible. Les sexes se distinguent très facilement. Les mâles développent des nageoires plus amples, et leur corps est bleu foncé à noir. Les opercules, les écailles du corps et les nageoires sont magnifiquement irisés, alors que la nageoire caudale est largement bordée de rouge et liserée de noir. Les femelles, au contraire, ont des nageoires brun-rouge plus petites et le corps brunâtre. Lors des parades d'intimidation, leur corps est traversé de bandes brun-jaune.

### Milieu naturel
Les spécimens ayant servi pour la description originale proviennent des environs de Kuala Lumpur, la capitale de la Malaisie. Par la suite, d'autres localités ont été découvertes. J'ai pêché ces poissons sur l'île thaïlandaise de Puket, située à 500 km au nord. Ils vivaient dans les mares ou les canaux des rizières inondés en permanence.

*Betta imbellis* hante surtout les massifs végétaux ou les abords des rives abritées. J'ai aussi capturé ces poissons dans l'île de Penang. On les y trouve dans les canaux bordant les rizières, mais aussi dans des trous remplis d'eau, quelquefois de la largeur d'un poing. J'ai aussi capturé *Betta imbellis* sur la côte est de la péninsule malaise, à proximité du sud de la mer de Chine, dans un ruisseau naturel près de Kuantan. De même, j'ai pu découvrir cette espèce à environ 30 km au sud-ouest de Medan, à Sumatra.

### Maintenance
La maintenance de cette espèce ne pose pas de problèmes. Un aquarium de 70 cm de

*Betta imbellis*

long sur 40 de large et 30 de haut suffira. *Betta imbellis* ne doit être tenu qu'en compagnie d'espèces de petite taille et pacifiques. Plusieurs couples peuvent être tenus ensemble sans autre cohabitant, l'agressivité intraspécifique étant modérée. Les mâles ne perdent leur tolérance que sous leur nid de bulles, et se livrent alors à de petites parades d'intimidation. La maintenance d'un groupe est d'autant plus harmonieuse que les individus ont grandi ensemble. Les ennuis ne surviennent que si l'on tente d'introduire un individu étranger. L'aquarium devra être bien planté. De petites cavités et des racines de tourbière compléteront la décoration.

La température de l'eau peut se situer aux alentours de 25 °C, mais si l'on veut jouir de leurs pleines couleurs, il est préférable de l'élever à 28 °C. Des plantes flottantes, telles que *Ceratopteris pteridoides, Riccia fluitans* ou *Pistia stratiotes* devront être présentes. Pour la filtration, un filtre intérieur Tetra Brillant fera l'affaire. Pour l'éclairement, une puissance de 0,5 W par litre suffira.

## Reproduction

La reproduction de cette espèce n'est pas difficile à obtenir. Les mâles construisent leur nid de bulles sous les feuilles des plantes flottantes. Le nid a un diamètre d'environ 5 cm. Les femelles prêtes à pondre, reconnaissables à leurs barres brun-jaune sur le corps, rejoignent le mâle sous le nid après une courte pariade. Le frai s'y déroule alors. Il dure 2 heures en tout et pour tout et se termine très harmonieusement. Il n'est fait mention nulle part de blessure de la femelle, contrairement à ce qui se passe chez *Betta splendens,* alors que le mâle enlace la femelle de la même façon.

Les œufs ne s'écartent que de quelques millimètres de l'oviducte de cette dernière, sous le bord de sa nageoire pectorale. Ils flottent en général librement lorsque le mâle desserre son étreinte, faisant basculer la femelle sur les côtés. Il les happe alors avec sa bouche, alors qu'ils commencent à couler. Avant que la femelle ne s'extraie totalement de sa torpeur de frai, tous les œufs expulsés pendant la phase de ponte, soit de 5 à 15, sont transportés dans le nid par le mâle. Durant la journée suivante, le nid de bulles peut atteindre 10 cm. Le mâle s'occupe du frai avec dévouement. Après environ 75 heures, le développement s'achève, et les jeunes commencent à nager librement. A ce stade, il est préférable de retirer les parents. La première nourriture proposée pourra être Tetra Baby Fish Food. Ces flocons réduits en

Répartition géographique de *Betta imbellis.*

Tableau n° 1

| | |
|---|---|
| Localité : | île Puket, Thaïlande du Sud |
| Clarté : | eau trouble à claire |
| Couleur : | laiteuse à incolore |
| pH : | 7,0 |
| Dureté totale: | 8 – 10°TH fr. (valeurs moyennes) |
| Dureté carbonatée: | non mesurée |
| Conductivité : | 270 – 540 µS/cm à 34 °C |
| Nitrites : | 0,05 mg/l |
| Profondeur : | jusqu'à 50 cm |
| Courant : | nul |
| Température de l'eau : | 34 °C |
| Date du relevé : | 6/3/1976 à 11h00 |

poudre sont particulièrement adaptés pour l'alimentation des alevins, auxquels ils procurent tous les nutriments dont ils ont besoin. On leur en distribuera aussi souvent que possible, par petites quantités. La suite de l'élevage de cette espèce superbe et tolérante ne posera pas de problèmes aux amateurs d'anabantoïdes.

Une rive densément plantée près de Kuantan, en Malaisie de l'Ouest, biotope de *Betta imbellis.*

## ➧ *Betta macrophthalma*
REGAN, 1909

Redécouvert fin 1986 dans la Malaisie de l'Ouest, *Betta macrophthalma* est un combattant pouvant atteindre de très grandes tailles, qui pratique vraisemblablement l'incubation buccale. Nos connaissances ne reposent que sur un seul exemplaire pêché par Walter Schär, en août 1985, dans un petit ruisseau des environs de la ville de Kuantan, près de Kuala Lumpur, à 232 km de Kuala Lumpur et environ 22 km (?) de Kuantan.

Dès sa capture, avec ses 13,5 cm, ce spécimen trahissait son appartenance à l'une des plus grandes espèces du genre. Il atteignit par la suite une longueur de 14,5 cm en aquarium, ce qui fait de lui le plus grand combattant connu. La coloration décrite par Krummenacher sort de l'ordinaire. Dans sa robe d'apparat, l'espèce est brun-rouge, devenant plus clair sur le ventre. Les nageoires sont également brun-rouge. Les caractères les plus remarquables sont toutefois les lèvres et le dessous de la bouche noir profond. En parure d'effroi, *Betta macrophthalma* présente une large bande longitudinale sombre débutant en arrière de l'œil, et se terminant par une tache sombre à l'extrémité du pédoncule caudal. Peu de combattants à incubation buccale ne présentent qu'une seule bande longitudinale. A noter que *B. macrophthalma* fut un certain temps considéré comme une espèce nouvelle, appelée *Betta waseri*. Dans leur biotope naturel, ces poissons hantent une eau courante, transparente, très douce et très acide, parsemée de massifs végétaux. Ils y vivent en compagnie de *Parosphromenus nagyi*, *Betta pugnax (?)* ainsi que *Betta tussyae*, entre autres.

Répartition géographique de *Betta macrophthalma.*

*Betta macrophthalma*

## *Betta macrostoma*
REGAN, 1909
Combattant multicolore

Cette espèce est l'une des plus joliment colorées du genre. Sa robe éclatante le distingue de tous les autres combattants à incubation buccale. T. Schulz put en ramener pour la première fois en 1984 en Europe et les observer en détail. *Betta macrostoma* atteint environ 10 cm de long. La taille remarquable de sa bouche est à l'origine du nom spécifique que lui a donné Regan (*macrostoma* = à grande bouche), qui ne disposait à l'origine que de matériel conservé. A présent, nous pouvons jouir de la magnifique couleur de ces poissons. On remarque aisément la bouche et, partiellement, les opercules bleus sur un corps brun orangé. La nageoire dorsale des mâles est ornée, sur son bord postérieur inférieur, d'un ocelle noir à bordure claire, caractéristique de l'espèce, mais qui n'est pas présent chez tous les mâles. La distinction des sexes n'est donc

Répartition géographique de *Betta macrostoma.*

possible que chez des spécimens de bonne taille. Alors que les femelles montrent souvent encore les rayures longitudinales des juvéniles, les mâles en sont dépourvus et leurs nageoires sont partiellement colorées.

*Betta macrostoma*, femelle

Ces poissons sont paisibles, contrairement aux autres espèces de taille semblable. Quelques rixes sans conséquences, qui se terminent par de violentes prises de bec, peuvent toutefois survenir.

## Milieu naturel

Cette espèce provient de Sarawak, à Bornéo. Thomas Schulz put la pêcher dans le cours supérieur du fleuve Mendaram (Sungai Mendaram), à proximité de la ville de Rampayoh du sultanat de Brunei, dans le nord de Bornéo. L'eau y était très douce et très acide, avec un pH atteignant 4,3.

## Maintenance

Pour sa maintenance, on utilisera un aquarium de taille suffisante, garni de denses massifs de plantes, et dont l'eau sera de bonne qualité, faiblement minéralisée et acide. Cette espèce étant très sensible aux infections bactériennes, l'eau devra être extrêmement propre et dépourvue de germes. Il est également primordial de lui fournir une alimentation variée, à base d'insectes vivants et de leurs larves. Malheureusement, la tenue de cette espèce en aquarium pose encore quelques problèmes.

## Reproduction

La reproduction est semblable à celle de *Betta unimaculata* (Schulz, 1985). Comme chez les autres espèces du genre pour lesquelles l'incubation buccale a été observée, les œufs tombent dans la nageoire anale du mâle. La femelle les y reprend en bouche et, fait singulier, les lui remet par petits « paquets » directement de bouche à bouche au lieu de les lui recracher. Le développement de la portée dure une vingtaine de jours. Les jeunes mesurent sept à neuf millimètres de long lorsqu'ils quittent la bouche paternelle, et mangent immédiatement des nauplies d'artémias fraîchement éclos. Ils peuvent atteindre la maturité sexuelle en 6 mois, à condition de leur fournir une alimentation variée et de changer leur eau fréquemment.

*Betta macrostoma*, mâle

## *Betta persephone*

SCHALLER, 1986

Le Combattant nain

Répartition géographique de *Betta persephone.*

Ce combattant est le plus petit des constructeurs de nids de bulles. La longueur totale des spécimens adultes est d'environ 3 cm. La coloration, de gris-vert foncé à noir, est dépourvue de dessins, mais les nageoires dorsale, caudale et anale sont souvent intensément colorées de vert foncé. Les mâles présentent un liseré clair bien marqué sur la nageoire dorsale, et les nageoires pelviennes sont marquées de blanc à leur extrémité. Les femelles sont un peu plus arrondies et ont des nageoires légèrement moins développées. Selon les observations faites jusqu'ici, ces poissons sont très pacifiques et se tiennent sans problèmes dans un aquarium aménagé en fonction de leurs besoins. Leur aire de répartition comprend la péninsule malaise. Selon Schaller (1986), les exemplaires ayant servi à la description originale provenaient d'eaux situées « à proximité de l'‹ Asian Highway n° 2 ›, environ 3 km au nord de Ayer Hitam. C'est le deuxième passage (passerelle) sur la deuxième dépression en direction du nord ».

Cette espèce de *Betta* habite des eaux très douces et très acides, du fait de l'abondance des précipitations. Apparemment, une conductivité allant jusqu'à 100µS/cm et un potentiel en ions hydrogène (pH) de 5 conviennent pour la maintenance et la reproduction. En milieu naturel, l'espace vital de *Betta persephone* est confiné entre les racines et les débris végétaux.

Selon les observations de Schaller, durant la saison des pluies, ces poissons se trouvent le plus souvent entre les racines entrelacées de la végétation du sous-bois, au-dessus d'un sol inondé et couvert d'humus. Lorsque le niveau baisse, ils s'y glissent à la recherche de l'eau qu'elle peut receler.

*Betta persephone*

## Betta picta
(CUVIER & VALENCIENNES, 1846)

Cette espèce, importée pour la première fois à la fin des années 70, fait partie des plus petits incubateurs buccaux. La longueur totale atteint 6 cm, et les adultes présentent un dimorphisme sexuel évident. La tête des mâles est nettement plus développée, et leurs couleurs sont plus intenses. On en connaît plusieurs variétés, qui diffèrent par la coloration et les dessins corporels, selon l'origine géographique. On reconnaît deux catégories principales, selon que les poissons proviennent de Sumatra ou de Java. Les femelles en provenance de Sumatra montrent un dessin moucheté particulièrement visible à proximité de la nageoire anale, absent chez les individus originaires de Java. Les caractères méristiques des deux formes concordent (Vierke, 1983). *Betta rubra* de Sumatra et *Betta trifasciata* de Java sont pour le moment considérées comme synonymes de *Betta picta.*

### Maintenance
La maintenance et la reproduction de ces poissons ne posent pas de problèmes et ne requièrent pas de dispositions particulières. Les poissons seront enclins à se reproduire même dans de petits aquariums, pourvu qu'ils soient garnis de touffes de plantes et de petits abris. Le comportement reproducteur est semblable à celui de *Betta pugnax.* Lors de leur sortie de la cavité buccale, les alevins mesurent quelque 6 mm de long et acceptent immédiatement les nauplies d'artémias.

### Milieu naturel
Le biotope de la forme javanaise est décrit ici.La localité de capture de *Betta picta (trifasciata)* a été décrite par Regan à Ambarawa, dans le centre de Java. J'ajouterai une note personnelle de mon voyage de janvier 1986 : mon périple me mena de Yogjakarta, dans le centre de Java, en direction du nord.

La route s'étend sur une plaine en direction de la montagne, puis se poursuit vers l'est près de la région de Borobudur en passant par les localités de Magelang, Secang, Jambu, vers Ambarawa. Les éminences les plus hautes se trouvent apparemment entre Magelang et Ambarawa. La route est en bon

Couple de *Betta picta,* mâle à l'avant-plan.

état et permet une conduite rapide. Dans la ville d'Ambarawa, elle se dédouble en direction de Muncul, puis mène vers Salatiga dans le Sud-Est. La distance entre Ambarawa et Muncul s'élève à 10 km. La route, bordée en son début de rizières, traverse de nombreux villages. Elle ne s'approche du lac de Rawapening qu'en peu d'endroits. Quelques kilomètres plus loin, la cuvette plane se termine, la route mène alors du lac au bord de la montagne. Elle est croisée par de nombreux ruisseaux étroits, à courant rapide, en particulier pendant la saison des pluies (janvier) et par de petits fleuves. Toute surface utilisable est exploitée pour la culture du riz. La végétation est très dense et luxuriante. Muncul se trouve au bord du lac. Un ruisseau traverse la localité, qui comporte une piscine. Des prélèvements dans le ruisseau, dont le courant était très fort, restèrent sans succès. A droite du parking de la piscine, se trouvait un bassin de récupération de l'eau en béton, d'environ 10 m × 35. La profondeur de l'eau était d'environ 70 cm. Une arrivée d'eau, qui sourdait en permanence à travers le sol (composé de sable de lave), assurait un renouvellement continuel de l'eau en un courant léger. L'eau de ce bassin en béton était très propre et claire. La température, qui s'élevait à 23,9 °C parmi les denses plantes flottantes, n'était plus que de 22,8 °C à 10 cm de profondeur et de 22,3 °C à 50 cm de profondeur. Au milieu de ces massifs de plantes flottantes, mais aussi parmi les feuilles flottantes éparses ainsi que parmi les feuilles de bananiers tombées à l'eau, on pouvait apercevoir, aux côtés d'une multitude de guppys, de nombreux *Betta picta (trifasciata).* De nombreux mâles adultes tenaient en bouche du frai à divers stades. Certains incubaient des œufs, d'autres des alevins presque entièrement formés. Ces poissons sont manifestement arrivés dans ce bac en béton apportés par le courant et, en l'absence d'ennemis aquatiques, y vivent dans des conditions optimales.Il est vraisemblable que cette espèce de *Betta* se trouve également dans les rizières (aménagées en terrasses à flanc de montagne) ou dans leurs canaux d'irrigation. Les paysans des environs confirmèrent cette supposition, mais les tentatives de capture y restèrent sans succès.

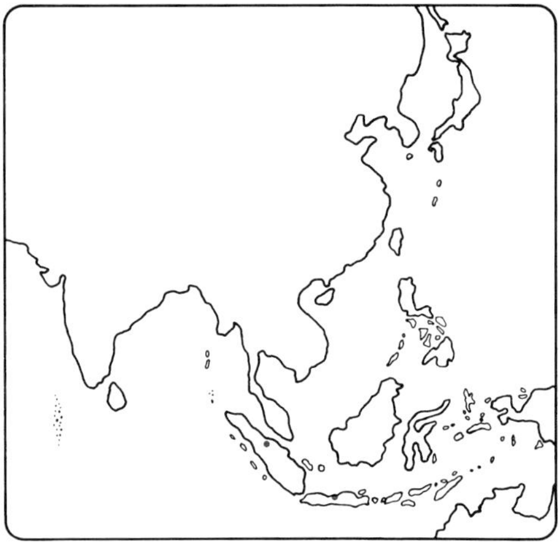

Répartition géographique de *Betta picta.*

Une deuxième localité se trouvait environ 50 kilomètres à l'ouest, également à une altitude de 500 m. Là aussi, il s'agissait de plaines environnant la montagne et exploitées pour la culture du riz. Le lieu de pêche se trouvait quelques centaines de mètres à l'extérieur de la ville de Pikatan. Le chemin était bordé des deux côtés par des fossés d'environ 50 cm de large. Du fait de fréquentes précipitations, l'eau était toujours courante sur ces terrains inclinés. Par endroits, elle cherchait son chemin sur une terre couverte. Dans les ruisseaux et fossés dépourvus de végétation, on n'apercevait que quelques barbeaux isolés, d'environ 10 à 12 cm de long, nageant rapidement. De nombreux *Betta picta (trifasciata)* pouvaient être observés sur de larges surfaces de terrain, inondées sur une profondeur atteignant 3 cm. Environ 15 exemplaires de cette espèce purent y être récoltés, parmi lesquels de nombreux mâles en incubation. Il s'agissait vraisemblablement de la même espèce que celle récoltée précédemment, mais la couleur pouvait pâlir. Les poissons récoltés ici avaient des opercules teintés d'or. Là aussi, l'eau était relativement fraîche et avait une température de 23,2 °C.

## Betta pugnax
(CANTOR, 1850)

*Betta pugnax* est un combattant à incubation buccale pouvant atteindre la taille de 10 cm. Les mâles présentent de très jolies rangées d'écailles irisées sur un corps gris-bleu sombre. Les opercules luisent de la même couleur. Il en est de même des nageoires pelviennes très allongées, ainsi que, en partie, des bordures des nageoires dorsale, caudale et anale. Les femelles ont des nageoires légèrement plus courtes et sont plus ternes.

### Milieu naturel

Cette espèce provient de Thaïlande, de l'ouest de la Malaisie et de l'île de Penang. Ces poissons vivent surtout en altitude, le plus souvent dans des cours d'eau rapides, sous l'épaisse végétation des rives, dans des zones à courant parfois fort. Le biotope de cette espèce est constitué de rivières de montagne à eau très claire, acide et douce, d'une largeur de seulement 90 cm. La profondeur atteint 50 cm par endroits, le fond est constitué d'un lit de sable fin parsemé de cailloux et de massifs végétaux.

La température de l'eau est de 22 °C pendant la saison des pluies, et n'atteint que 26 °C pendant la chaude saison sèche, sous un soleil intense.

### Maintenance

Ce poisson ne pose pas de problèmes pour sa maintenance. Un aquarium de 70 cm de long, 40 de large et 30 de haut conviendra parfaitement. Le « petit » tout comme le « grand aquarium pour anabantoïdes » fera l'affaire. Un bac garni d'une plantation abondante et saine,ainsi que de cachettes

*Betta pugnax*

constituées de roches ou de racines de tourbière sera préféré par ces poissons souvent très timides et généralement très cryptiques. La température de l'eau, qui devra être autant que possible douce et légèrement acide, se situera entre 22 et 25 °C. La filtration sur tourbe sera assurée par une pompe immergée. Un éclairement de 0,5 watts par litre et un emplacement tranquille sont souhaitables.

L'alimentation doit être consistante et riche. A cet égard, TetraMin est volontiers accepté comme nourriture complémentaire.

## Reproduction

Une eau très douce, légèrement acide et d'une température de 26 à 27 °C est indispensable. Le niveau de l'eau ne doit pas dépasser 10 à 12 cm. Des plantes flottantes telles que *Pistia stratiotes* et *Ceratopteris pteridoides* doivent être présentes.

*Betta pugnax* fait partie des incubateurs buccaux. Cette espèce fraie sans nid de bulles et à proximité du fond. Les œufs sont émis pendant l'étreinte des partenaires, et tombent dans la nageoire anale légèrement enroulée du mâle. La femelle les y reprend en bouche à la fin de l'étreinte. Les phases de ponte ont lieu à intervalles espacés, presque toujours au même endroit de l'aquarium. Entre les étreintes, la femelle éjecte les œufs de sa bouche vers le mâle qui les happe à son tour et les garde dans sa cavité buccale. Parfois, le mâle, semblant « jouer à la balle », renvoie les œufs à la femelle. A la fin de la ponte, qui peut se prolonger 5 heures durant, le mâle se retire dans un massif végétal dense et abrité. Environ 10 jours plus tard, les alevins bien formés s'échappent de la cavité buccale du père, et prennent de la nourriture en poudre telle que Baby Fish Food.

Un renouvellement régulier (un tiers du bac toutes les deux semaines) de l'eau, qui devra être acide et saine grâce à l'emploi d'un filtre tel que Tetra Brillant, favorisera la croissance des jeunes.

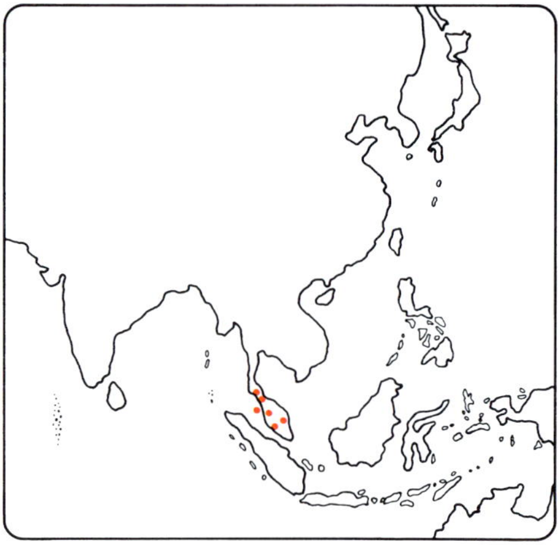

Répartition géographique de *Betta pugnax*.

Tableau n° 2

| | |
|---|---|
| Localité : | île de Penang, Malaisie de l'Ouest, rue de Telok Bahang, en direction de Balik Pulau, à env. 300 m d'altitude dans la montagne. |
| Clarté : | eau très claire |
| Couleur : | absente |
| pH : | 6,5 |
| Dureté totale: | moins de 2 °TH fr. |
| Dureté carbonatée: | moins de 2 °THCa fr. |
| Conductivité : | 25 µS/cm à 26 °C |
| Nitrites : | 0,00 mg/l |
| Profondeur : | jusqu'à 50 cm |
| Courant : | rapide |
| Température de l'eau : | 26 °C |
| Date du relevé : | 27/11/1977 à 17h00 |

## *Betta rutilans*
WITTE & KOTTELAT, 1991

Cette espèce, vraisemblablement la plus petite des combattants, provient de la région de Kapuas. Selon les observations faites jusqu'ici, cette espèce rouge intense atteint une longueur totale de 3,0 cm à l'âge adulte. A la taille où nous avons capturé ces poissons, soit à 2 cm de longueur totale, ils étaient déjà nettement rouges et présentaient leur magnifique œil vert brillant. L'aspect extérieur de cette espèce la range dans le groupe *« coccina-tussyae »*, malgré l'absence de tache latérale. Cependant, son comportement reproducteur la distingue nettement : alors que *Betta coccina* et *Betta tussyae* font partie des constructeurs de nids de bulles, cette espèce est, selon les observations effectuées jusqu'ici, une incubatrice buccale. Les sexes n'ont jusqu'à présent pu être reconnus que pendant l'accouplement. *Betta rutilans* est originaire du nord-est de Pontianak, dans la région située entre les localités de Sungai Penjuh et Anjungan. Nous avons rencontré cette espèce à 8 km au sud-ouest d'Anjungan, sur la route qui va de Pontianak à Mandor, dans l'ouest de Kalimantan (Kalimantan Barat). Il s'agissait de petits rus marécageux, typiques des biotopes à eaux noires. L'eau transparente, fortement teintée de brun foncé, était très douce. Les mesures ont indiqué une conductivité de 39 µS/cm à une température de 27,6 °C et un pH de 4,5.

Répartition géographique de *Betta rutilans.*

*Betta rutilans*

## Betta smaragdina
LADIGES, 1972

*Betta smaragdina,* décrit par le Dr. Ladiges en 1972, l'un des plus jolis combattants, est malheureusement encore rare. La première description lui donne une longueur totale de 6 cm, mais Dietrich Schaller, qui a capturé ces poissons en Thaïlande et les a ramenés en Allemagne pour les observer, m'a signalé que cette espèce peut atteindre 7 cm. Les mâles développent des nageoires plus allongées que les femelles. Toutefois, la coloration des deux sexes est intense. La femelle présente de larges bandes transversales claires sur le corps pendant la pariade et la ponte.

Le
### milieu naturel
de cette espèce est constitué par les alentours de Nong Khai dans le nord-est de la Thaïlande. Nong Khai se trouve au bord du fleuve Mekong, formant frontière avec le Laos, près de la capitale Vientiane.

Vu que, pour cette espèce, il n'était guère possible de vérifier les localités mentionnées, les informations concernant le biotope pouvaient jusqu'ici être sources de confusions. Le Dr. Schaller a lui-même rectifié ses premières notes. La répartition de *Betta smaragdina,* ainsi que celle de *Trichopsis schalleri,* ne comprend pas les environs de la ville de Nakhon Ratchasima, autrefois connue sous le nom de Korat, mais le

*Betta smaragdina*

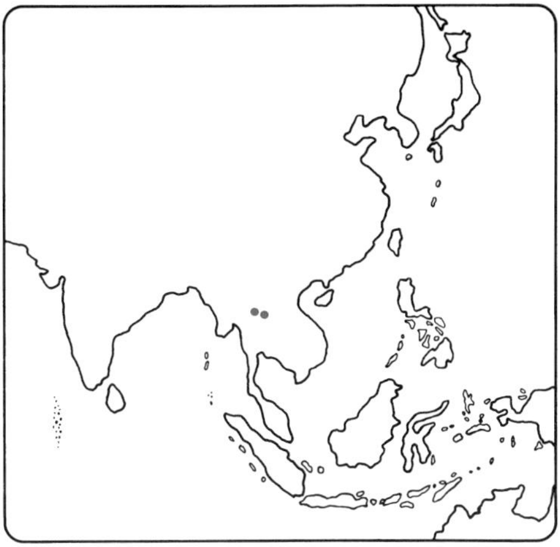

Répartition géographique de *Betta smaragdina.*

plateau de Korat, avec la ville de Nong Khai (Nong Chai), située 400 km plus au nord. J'ai exploré cette région au milieu de l'année 1979 et j'y ai capturé *Betta smaragdina.* La localité mentionnée en premier fait manifestement partie de l'aire de répartition de *Betta splendens.* Les localités que j'ai découvertes sont celles de Nong Khai, environ 50 kilomètres plus loin vers l'est et à l'ouest, 20 kilomètres avant la ville de Khon Kaen, située 160 km plus au sud. J'ai pu en outre constater que, dans cette région, cette espèce est également utilisée dans des combats de poissons, ce qui dément la réputation de ce poisson, qui était globalement considéré comme paisible. Aux dires des organisateurs de combats de poissons thaïlandais de Nong Khai, les spécimens les plus agressifs sont capturés 53 km au sud de Udon Thani. J'ai pu constater que la plupart de ces poissons ne se distinguent ni en agressivité, ni en combativité de l'espèce à nageoires courtes utilisée ailleurs, *Betta splendens.* En conséquence, l'aire de répartition de *Betta splendens* généralement admise s'en trouve considérablement réduite. Je n'ai pu établir jusqu'à présent si *Betta smaragdina* s'étend au-dessus du Mekong vers le nord, ou si ces grands fleuves constituent une barrière naturelle.

*Betta smaragdina* vit dans les retenues d'eau des rizières, dans les fossés, dans les mares et les marécages, souvent dans la vase et au milieu de touffes de plantes.

Au début de la saison des pluies, lorsque le niveau de l'eau monte ou que les rizières sont inondées, ces poissons se rassemblent dans les grands plans d'eau, interrompant leur existence solitaire.

## Maintenance

La maintenance de ces poissons ne pose pas de problèmes. On doit mettre à leur disposition un bac bien planté, dans lequel on ne mettra qu'un mâle, avec plusieurs femelles, vu l'agressivité intraspécifique élevée de cette espèce. Cela s'applique aussi bien au « petit » qu'au « grand aquarium pour anabantoïdes ».

La température de l'eau doit se situer aux alentours de 25 °C. L'eau ne doit être, autant que possible, ni dure, ni calcaire. Ces poissons étant quelque peu timides, on ne les tiendra qu'avec d'autres espèces non agressives. Celles des genres *Colisa* et *Trichopsis* conviennent donc parfaitement.

## Reproduction

Pour la reproduction, on leur fournira un bac d'environ 70 cm de long, 40 cm de large et 30 cm de haut. Une moitié de l'aquarium sera garnie d'*Hygrophila polysperma* et d'*Hygrophila corymbosa,* qui atteindront la surface de l'eau. L'autre moitié sera garnie de quelques tiges de *Cabomba caroliniana.* Le restant de la surface de l'eau sera partiellement recouvert de plantes flottantes des espèces *Ceratopteris pteridoides* et *Riccia fluitans.*

La température sera portée à 28 °C. Pour le sol, on emploiera du gravier de 1 à 3 mm de granulométrie. Une ou deux grosses pierres entre les massifs de plantes seront utilisées comme cachettes par les femelles. Un couple sera introduit pour la reproduction.

*Betta smaragdina* fait partie des constructeurs de nids de bulles, qu'il installe sous la surface de l'eau. Pour réussir la reproduction, une eau douce est indispensable.

Pour la construction de son nid et la ponte, *Betta smaragdina* préfère les cavités ou autres cachettes.

## Betta sp. aff. anabatoides

Ce grand combattant aux affinités encore incertaines provient de la région de Kapuas. Comparé à *Betta anabatoides*, il se distingue par une région céphalique plus pâle et aux dessins moins marqués. Une coloration vert tendre apparaît par moments sur la région operculaire. On peut également noter la présence de piquetures sur les membranes des nageoires dorsale et caudale. Ces poissons atteignent vraisemblablement une longueur totale d'environ 9 cm et restent donc relativement petits. De même, il font apparemment partie des incubateurs buccaux. Lors de notre voyage de 1990, Norbert Neugebauer put relever la présence de ces poissons entre les localités de Sungai Penjuh et Anjungan. Leur biotope était typiquement à « eaux noires » : l'eau y était brun sombre, transparente, légèrement courante, très douce et très acide (pH entre 4,5 et 5,4).

Répartition géographique de *Betta sp. aff. anabatoides.*

*Betta sp. aff. anabatoides*

# Betta sp. aff. coccina

Cette nouvelle espèce très colorée et de petite taille appartient au groupe *coccina-tussyae*. Ces poissons, très semblables à *Betta coccina*, furent pêchés lors d'un voyage à Sarawak. Ils atteignent une longueur totale d'environ 4,5 cm. Les sexes présentent habituellement tous deux une coloration générale rouge foncé marquée. Comparés à *Betta coccina*, ces poissons restent plus petits, et la tache latérale spécifique vert soutenu des flancs est plus grande chez les mâles. Les femelles présentent également une tache latérale, quoique beaucoup plus petite. Cette espèce fait partie des constructeurs de nids de bulles. Pour leur maintenance, une eau douce et propre est préférable, la qualité de l'eau étant très importante. La première importation de ces poissons semble celle de Krummenacher, Kettner & Witte.

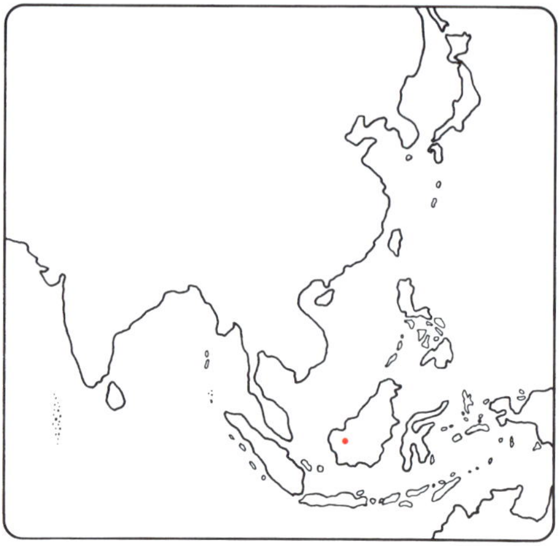

Répartition géographique de *Betta sp. aff. coccina.*

*Betta sp. aff. coccina*

## ➧ *Betta sp. aff. foerschi*
de Tangkiling

Ce combattant du groupe *foerschi-strohi* nous est parvenu pour la première fois en 1988. D'abord désigné sous *Betta foerschi,* il est ici considéré comme appartenant à une espèce proche mais différente. Ces poissons ne se distinguent que par la morphologie, la couleur, ainsi que par le développement des nageoires. *Betta foerschi* ayant été réimporté en 1990, il devient possible de les comparer, et des observations complémentaires permettront de déterminer s'il s'agit bien d'espèces différentes. Nous avons pu relever la présence de *Betta sp. aff. foerschi* en 1988 sur la route en direction de Kasungan, environ 100 km au nord-est, près de 35 km au nord de Palangkaraya. La route croise un petit ruisseau près de 3 km derrière la localité de Tangkiling, en direction du nord. A l'endroit où ce dernier passait sous la route, il était large d'environ 4 à 5 mètres et s'écoulait par endroits dans des bras atteignant 2 m de large et 70 cm de profondeur, traversant une végétation buissonnante généralement dense. L'eau légèrement courante, faiblement minéralisée était fortement teintée de brun sombre. Les rives, souvent même la totalité de la surface de l'eau, étaient recouvertes de nombreuses plantes. *Betta sp. aff. foerschi* n'était présent que près des berges très peu profondes parmi les plantes et les feuilles mortes. *Betta sp. aff. foerschi* n'est pas seulement l'espèce de combattant la plus intéressante pour son éthologie, mais aussi l'une des espèces de petite taille à incubation buccale les plus joliment colorées.

## Reproduction

La reproduction, qui s'est déjà produite à plusieurs reprises, est incontestablement la plus intéressante du genre. Ce poisson forme distinctement le lien entre les constructeurs de nids de bulles et les incubateurs buccaux. Le comportement et le déroulement de la reproduction ressemblent dans une large mesure à ceux des nidificateurs. Les similitudes avec *Betta splendens* sont manifestes. Pour le reste, le comportement est typique des *Betta* à incubation buccale. Je n'ai pu observer jusqu'ici d'agressivité intraspécifique. Les poissons ne sont certes pas vraiment paisibles, encore qu'il est rare que des lésions surviennent sur les nageoires. Comparés à d'autres espèces de *Betta,* il est incontestable qu'ils ont du tempérament. En outre, ces poissons ne vivent pas cachés, mais sont souvent faciles à observer. La reproduction est malheureusement encore problématique. Le choix des partenaires joue manifestement un rôle important. D'après mes observations, peu de mâles sont disposés à se reproduire et à prendre en charge le frai. La ponte et l'étreinte des partenaires prennent place presque toujours dans la partie supérieure du deuxième tiers de la hauteur d'eau, à l'abri d'un groupe de plantes. Par là se terminent presque toutes les activités préliminaires de la femelle. Après plusieurs tentatives d'accouplement, les premières émissions d'œufs surviennent. La femelle nage alors dans une courbure du corps du mâle, qui finit par étreindre la femelle et la met sur le dos. Une position presque exclusivement de mise chez les nidificateurs. L'étreinte dure environ 2 ou 3 secondes. Les deux partenaires coulent légèrement durant ce laps de temps. Le mâle se sépare alors de la femelle, qui, de son côté, ne se réveille qu'au bout de 7 à 9 secondes de sa torpeur de frai. Après la séparation, la femelle coule vers le fond, presque toujours alors à proximité du fond en position verticale, tête vers le bas. Les quelques œufs, le plus souvent au nombre d'un ou deux, de grands œufs coulants jaunâtres, sont repris en bouche par le mâle, lorsqu'ils s'écartent du corps de sa partenaire. Il a toutefois été observé qu'ils étaient également repris de la région ventrale ou anale. Si le mâle ne reprend pas les œufs, ils se séparent lorsque la femelle sort de sa torpeur de frai. Comme la femelle, à ce moment, se tient verticale vers le bas, les œufs tombent à côté de sa tête, sur le fond, et sont alors immédiatement repris en bouche par elle. Lorsque le mâle est présent à proximité, les œufs sont recrachés et immédiatement repris par le mâle. Il n'a pas été observé de « crachage dirigé », comme chez la plupart des *Betta* à incubation buccale. A diverses reprises, j'ai eu l'impression que la femelle voulait déposer les œufs récupérés dans une aire de ponte, sous une feuille, comme cela se passe chez les nidificateurs. Durant le frai, les deux partenaires défendent leur territoire de ponte contre leurs congénères. L'incubation dure environ 8 jours à une température de 26 °C. Le mâle relâche alors, selon l'âge et la taille entre 20 et 45 alevins d'environ 6 mm de long, qui prennent immédiatement des nauplies d'*Artemia salina* comme première nourriture. Les jeunes grandissent très vite avec une bonne qualité de l'eau et une nourriture variée et peuvent atteindre déjà près de 3 centimètres au bout de 6 semaines.

Répartition géographique de *Betta sp. aff. foerschi*.

*Betta sp. aff. foerschi*

# *Betta sp. aff. patodi*

de Pulau Laut

Les informations importantes fournies par le Père Heinz Stroh nous ont permis d'obtenir en juillet 1990 cette très intéressante espèce de combattant. Ces poissons appartiennent indubitablement au groupe *macrostoma-unimaculata* et font également partie des incubateurs buccaux. Ils atteignent apparemment une taille d'environ 10 cm à l'âge adulte et sont plus colorés que *Betta unimaculata.* D'après les connaissances actuelles, la distinction des sexes n'est guère aisée. Manifestement, la coloration de la tête et de certaines parties du corps fait défaut chez les femelles. Elles sont dans l'ensemble ternes et présentent une bande longitudinale sombre, qui est toutefois présente également chez les mâles dominés. Cependant, la tache blanche à bleu clair située sur la lèvre inférieure est manifestement un caractère spécifique. Très vif, ce poisson est un bon sauteur. Son milieu naturel comprend les ruisseaux de montagne de Gunung Sepatung, au sud-est de Kota Baru, et l'île de Pulau Laut dans le sud-est du sud de Kalimantan (Kalimantan Selatan). Nous avons trouvé ces poissons dans les ruisseaux et les bassins de retenue du vieux distributeur d'eau. Ces cours d'eau étaient très étroits, peu profonds et fortement recouverts de pierres, petites ou grandes. La forêt de montagne alentour ombrageait ce biotope. L'eau courante était très claire et incolore, d'un TH de 3,5° fr., d'un THCa de 7° fr., d'une conductivité de 82 µS/cm à 24,5 °C et d'un pH 7,5.

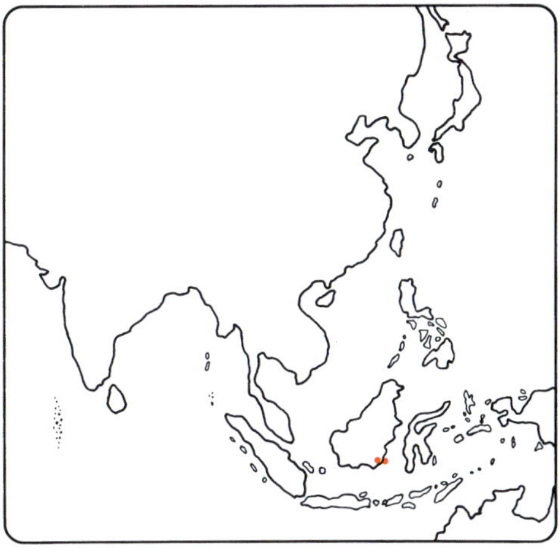

Répartition géographique de *Betta sp. aff. patodi.*

*Betta sp. aff. patodi*

## Betta sp. aff. pugnax

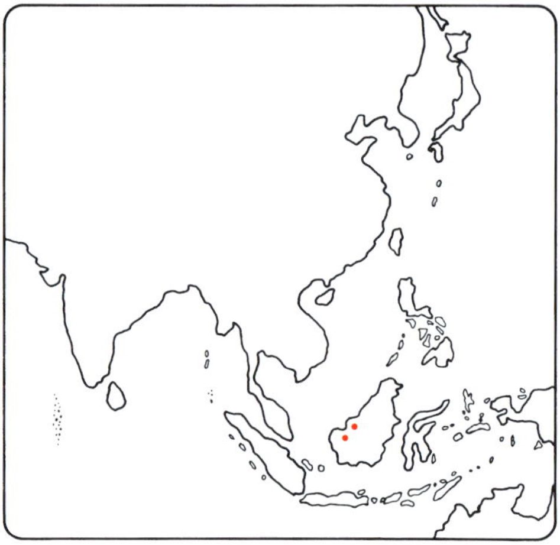

Répartition géographique probable de *Betta sp. aff. pugnax.*

Cette espèce, d'affinités encore incertaines, a été importée sporadiquement par le commerce spécialisé sans indications exactes sur le milieu naturel. J'ai acquis cette espèce apparentée à *pugnax* pour la première fois en 1979. Ces poissons étaient importés de Singapour par la société Spree-Aquarium. Particulièrement colorés, les mâles présentent des opercules vert vif et une coloration générale plus intense. Ils se distinguent toutefois surtout de *Betta pugnax* par des nageoires ventrales beaucoup plus allongées, et qui, repliées, atteignent presque la base de la nageoire caudale. La tête des femelles est relativement étroite et pointue. Une bande longitudinale sombre est presque toujours présente et s'étire de la pointe du museau au bord de l'opercule, en passant par l'œil. L'observation du comportement reproducteur et des phases de l'accouplement ne permet pas de relever de critères de distinction supplémentaires. Le développement du frai est toutefois intéressant : alors que, à température égale, les embryons de *Betta sp.* éclosent après 58 heures, ceux de *B. pugnax* n'apparaissent qu'au bout de 156 heures, soit près de 4 jours plus tard. La nage autonome des jeunes survient alors à nouveau à un moment équivalent, soit près de 10 jours et 12 heures plus tard.

*Betta sp. aff. pugnax*

## Betta sp.
de Kubu

Nous avons pu capturer cette espèce inconnue jusqu'ici au sud de la ville de Pangkalanbun, peu avant la localité de Kubu dans le centre de Kalimantan (Kalimantan Tengah). Il s'agissait d'un exemplaire de 5 cm de longueur totale, qui fut conservé sur place. Cette nouvelle espèce se distingue par sa tête relativement pointue et son grand œil. Comme le montre la photographie, la coloration est très prometteuse. Le biotope était un petit ruisseau à eau noire transparente, légèrement courante, très douce et très acide. Les duretés totale et carbonatée se situaient en dessous de 2° fr., le pH s'élevait à 5,0 et la conductivité était de 14 µS/cm à une température de 23,7 °C.

Répartition géographique de *Betta sp.* de Kubu.

*Betta sp.* de Kubu

## *Betta sp.*
de Mandor

Ce combattant originaire du secteur de Kapuas appartient vraisemblablement au groupe *« foerschi-strohi »*. La longueur totale atteint environ 55 mm. L'aspect extérieur rappelle celui de *Betta splendens* et la morphologie est légèrement plus élevée que celle de *Betta strohi* et *Betta foerschi*. Le milieu de la nageoire caudale présente un prolongement pointu caractéristique de l'espèce. Ce prolongement est absent, ou seulement ébauché, chez les femelles. Nous avons rencontré ces poissons dans deux endroits prospectés : l'un sur la route entre Sungai Penjuh et Anjungan, et le deuxième peu avant Mandor, ville située environ 20 km à l'est. Je tiens les poissons des deux lieux de capture pour étant de la même espèce. Un mâle de la localité de Mandor cracha peu après sa capture des larves développées presque viables. Cette espèce est donc également une incubatrice. Les poissons y étaient très nombreux, contrairement à ceux du premier biotope. *Betta sp.* de Mandor vit dans une eau typiquement « noire », à courant léger, transparente, fortement teintée de brun, très douce et très acide. Les duretés totale et carbonatée se situaient en dessous de 2° fr., le pH entre 4,5 et 5,3 et la température était comprise entre 27,6 et 28,2 °C en août 1990.

Répartition géographique de *Betta sp.* de Mandor.

*Betta sp.* de Mandor

## ➧ *Betta sp.*
de Sanggau

Cette nouvelle et intéressante espèce de combattant fut rapportée de la région de Sanggau conjointement par Ingrid Baer, Norbert Neugebauer et l'auteur au cours d'une expédition en 1990, à travers Kalimantan. Ces poissons atteignent apparemment une longueur totale d'environ 8 cm à l'âge adulte. Les mâles présentent une légère coloration rouge-brun, les écailles des flancs étant teintées de vert clair. Les nageoires, principalement rouge-brun, sont également striées de vert clair. Les opercules sont d'un léger vert sombre et la nageoire anale porte un liseré sombre, presque noir. Cette espèce fait très vraisemblablement partie des incubateurs buccaux. La reproduction de cette espèce n'a apparemment pas été observée jusqu'ici. Le milieu naturel se trouve à l'ouest de la ville de Sanggau, au sud de la route de Pontianak vers Sintang, environ 7 km avant Sanggau, dans un paysage boisé et mamelonné, à proximité du monument aux Morts. Ces poissons s'élèvent bien dans une eau douce, légèrement acide, la qualité de l'eau étant manifestement importante pour leur bien-être.

Répartition géographique de *Betta sp.* de Sanggau.

*Betta sp.* de Sanggau

## ➧ *Betta sp.*
de Tarantang

Nous avons pu capturer ce membre du groupe «*foerschi-strohi*» lors de notre voyage à Kalimantan, en 1990. Ces poissons atteignent une longueur totale d'environ 6 cm. Ils présentent des similitudes évidentes avec *Betta strohi*, avec lequel ils partagent une partie de leur milieu naturel, mais leurs différences sont également marquées. Parmi celles-ci, on observe la présence de mouchetures sombres dans les nageoires, en particulier la caudale. Malheureusement, seul un exemplaire est entré dans le filet, ce qui limite les observations et la classification.

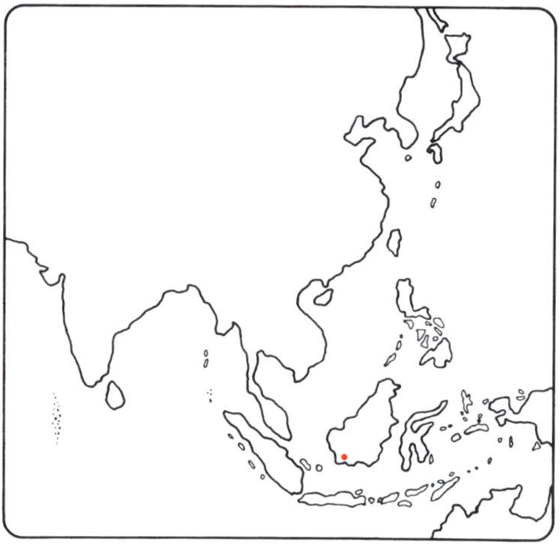

Répartition géographique de *Betta sp.* de Tarantang.

## Milieu naturel

La localité d'origine de *Betta sp.* de Tarantang est située environ 7 km au sud de Sukamara, en bordure du village de Tarantang, dans le sud-ouest du centre de Kalimantan. Ce milieu consiste en un petit ruisseau qui sort de la forêt pour border la localité, où l'eau est utilisée pour le bain ou la douche. Ce ruisseau charrie une eau légèrement brunâtre, transparente, faiblement courante, très douce et peu minéralisée. La conductivité était de 5 µS/cm à 25,3 °C, et le pH fut mesuré à 4,15.

*Betta sp.* de Tarantang

## *Betta splendens*

REGAN, 1909
Combattant siamois

*Betta splendens* est le plus joli et le plus coloré des Anabantoïdes. Son histoire, son comportement et son importance actuelle dans la vie des Asiatiques sont largement connus.

Ce poisson a enchanté les hommes depuis des centaines d'années, et pas seulement en Thaïlande. Des combats du « Pla-Kat », entre poissons qui se mordent et s'entre-déchirent, sont encore organisés aujourd'hui malgré les interdictions. Ils ont souvent changé la vie des hommes, car la grande passion des Asiatiques pour la compétition est connue.

La forme sauvage de *Betta splendens* a été sélectionnée depuis longtemps en vue d'accroître son agressivité. Que l'on mette en présence deux mâles de taille voisine, et le combat s'engage inéluctablement. Le comportement territorial marqué et l'instinct sexuel jouent un grand rôle lors des rencontres en milieu naturel. Après une longue phase d'intimidation, la fuite d'un des poissons peut survenir. Inversement, en milieu confiné et entre individus de motivation équivalente, un combat sans merci s'engage. La première phase se compose de parades d'imposition, opercules écartés et nageoires pleinement déployées. Dans la deuxième phase, les antagonistes se projettent de l'eau par des battements de la queue. Les premiers coups portés sur le corps et les nageoires déclenchent les phases de corps-à-corps. Celles-ci sont toujours entrecoupées de parades d'imposition. La troisième phase de combat comporte déjà des morsures et des

*Betta splendens*, forme sauvage

déchirures, surtout sur les parties sensibles que sont les régions oculaires et operculaires. Une ronde soutenue s'engage, entrecoupée de projections latérales d'eau, à la recherche des points sensibles aux morsures de la région céphalique. La quatrième phase comporte des prises de bouche, au cours desquelles le meilleur combattant cherche à repousser son adversaire aussi près que possible du fond, de façon à lui interdire la prise d'air atmosphérique. Cette prise d'air étant vitale, la phase quatre est la plus épuisante, et précipite le dénouement. Les phases trois et quatre clôturent le duel en alternance. Un combat peut durer plusieurs heures, et les blessures ne permettent pas toujours de départager les combattants, qui meurent souvent d'épuisement. Toutefois, ce n'est pas ce combat qui intéresse l'aquariophile, mais le comportement, la maintenance et la reproduction de cette espèce.

Pour la ponte, les éleveurs thaïlandais placent les combattants-voiles dans des vases en céramique.

Dans les élevages thaïlandais, les bocaux des combattants-voiles se comptent par milliers.

Toute personne en quête de combattants se verra rapidement satisfaire par les enfants thaïlandais.

## Milieu naturel

L'aire de répartition de ce poisson est vaste et englobe la Thaïlande, le Laos, le Cambodge et la Malaisie, mais je mettrais en doute cette vaste répartition. Lors de mes fréquents voyages en Malaisie, je n'ai jamais pêché *Betta splendens*, mais toujours *Betta imbellis*. *Betta smaragdina* occupe une large partie du nord-est de la Thaïlande, d'où ne provient pas *Betta splendens*. Pour des raisons politiques, il n'est actuellement pas possible de vérifier l'exactitude des mentions de *Betta splendens* au Cambodge et au Laos.

Mon opinion est que l'aire de répartition exacte est nettement plus réduite qu'il n'est communément admis, et qu'elle se restreint au centre, à l'ouest et au nord (?) de la Thaïlande. *Betta splendens* vit dans des rizières et leurs canaux, dans les marais et dans les champs inondés, ainsi que dans les canaux d'évacuation des eaux usées des villages. Ces poissons sont très abondants à diverses périodes de l'année.

Quand on parle de combattants, on pense toujours à la forme « voile » de *Betta*

*Betta splendens*, forme voile

*splendens.* Ses diverses variétés de couleurs, aux queues lancéolées, fendues, arrondies, en crête ou compartimentées, avec parfois de très larges nageoires dorsales, sont proposées par presque tous les commerces animaliers du monde. Le vrai combattant à nageoires courtes, de la forme sauvage, ne se rencontre que chez des amateurs avertis. Malheureusement, l'élevage intensif des formes voile en vue de l'obtention de nouvelles variétés de coloration conduit à la perte de combativité propre, et il n'est pas rare que les nageoires hypertrophiées de ces poissons les réduisent à l'état de gladiateurs d'opérette. En effet, pendant leur développement, les mâles sont tenus dans de petits bocaux individuels mitoyens. Certes, le but de l'éleveur, qui est l'hypertrophie des na-

*Betta splendens.* Diverses variétés de combattants à nageoires voiles.

Répartition géographique de *Betta splendens* (forme sauvage seulement).

geoires au cours du développement, est atteint, mais les parades d'intimidation perpétuelles des mâles placés côte à côte conduisent à une baisse de la vitalité.

Le combattant qui arrive dans nos aquariums n'est, hélas, souvent qu'une loque épuisée. Ces poissons font malgré tout partie des plus appréciés de notre temps. La distinction des sexes est très précoce. Alors que les femelles possèdent des nageoires courtes et, sitôt atteinte la maturité sexuelle à la taille de 4 cm, un point blanc à la papille génitale, située juste derrière les nageoires ventrales, les nageoires des mâles deviennent beaucoup plus longues. L'allongement des nageoires dorsale et anale en particulier se remarque assez tôt.

Les parades d'imposition ne constituent pas un critère de distinction, du fait qu'elles sont exécutées aussi bien par les femelles que par les mâles. Il faut séparer les jeunes mâles tôt, car les lésions des nageoires ne se reconstituent que rarement. Les jeunes, qui ont grandi dans de grands bacs plutôt que dans de petits bocaux, sont plus vifs et conviennent mieux pour la reproduction. Les mâles élevés en compagnie de nombreux congénères peuvent être tenus ensemble en grands bacs pendant longtemps sans le moindre combat. Seule l'introduction d'un spécimen étranger ou le retrait temporaire d'un autre se solde généralement par de sanglantes confrontations.

Le combattant-voile n'a pas de

## milieu naturel

Il n'est que la variété sélectionnée d'une forme à nageoires courtes originaire de Thaïlande.

Les combattants-voiles sont le produit des éleveurs thaïlandais, bien que l'on suppose que les premiers individus à longues nageoires provenaient du Cambodge voisin. A la fin des années 1920, ils arrivèrent également en Allemagne, où ils se répandirent dans tous les aquariums. De même, dans leur patrie d'origine, ils sont présents partout. Tout vœu d'acquérir un combattant se voit aussitôt exaucé. Aujourd'hui comme naguère, les combattants-voiles sont exportés hors d'Asie par centaines de milliers, pour le plus grand enchantement des hommes.

La maintenance de *Betta splendens* ne pose pas de problèmes. On peut aussi bien le tenir en «petit» qu'en «grand aquarium pour anabantoïdes». Cependant, ces poissons deviendront plus vigoureux en petits aquariums, d'une longueur de 70 cm, d'une largeur de 40 cm et d'une hauteur de 30 cm. Le bac devra être bien planté en plusieurs endroits. Quelques plantes à tiges érigées, telles que *Hygrophila stricta* ou *Limnophila aquatica*, en groupe de 5 à 10 pieds, formeront avec *Alternanthera sessilis* la plantation principale d'arrière-plan. Une racine de tourbière au milieu d'elles sera du plus bel effet décoratif. Pour l'avant-plan, on installera plusieurs *Cryptocoryne walkeri*, auxquelles on adjoindra deux ou trois *Barclaya longifolia*. Sur les côtés gauche et droit du bac, on placera quelque huit tiges de *Rotala macrandra*. On intercalera quelques pierres plates entre les plantes, de façon à laisser un peu d'espace libre à la disposition des poissons.

Pour le fond, un gravier de 1 à 3 mm de granulométrie conviendra tout à fait. Deux ou trois plantes flottantes telles que *Ceratopteris pteridoides* et *Riccia fluitans* couvriront la surface. La température de l'eau doit être comprise entre 25 et 27 °C. Un filtre

Brillant conviendra parfaitement pour une bonne filtration de l'eau, qui devra être saine et propre.

Les compagnons de bac seront choisis parmi des espèces calmes. Seuls divers tétras et barbus devront être proscrits, du fait de leur fréquente manie de mordiller les longues nageoires des combattants, ce qui provoque des lésions. L'aquarium doit être bien éclairé (0,5 W/l), de façon à favoriser un bon développement des plantes. De même, en eau dure à mi-dure, il est utile de prévoir un appoint de gaz carbonique. Comme le prouve l'expérience, une croissance saine des plantes est liée à une eau saine, ce qui est bénéfique pour la santé des poissons.

Le fait que les combattants puissent vivre même dans des trous boueux ne signifie pas que l'on doive les tenir dans de telles conditions. Ces poissons montrent leurs plus belles couleurs dans un aquarium sain et bien agencé. Ce n'est que de cette façon que le soigneur aura la possibilité d'admirer toute la beauté de cette intéressante espèce.

## Reproduction

Pour la reproduction, on utilisera un aquarium relativement petit, d'une longueur de 40 cm pour 30 de large et 20 de haut. La surface sera recouverte de quelques plantes flottantes. Un filtre Brillant permettra d'ob-

Ponte de *Betta splendens*, forme sauvage.

tenir une eau propre sans trop l'agiter. L'aquarium sera bien recouvert sachant que, comme pour les autres poissons à labyrinthe, l'air situé au-dessus de la surface de l'eau ne doit pas être froid, ce qui peut être préjudiciable à la santé de ces poissons qui le respirent. Ceci évitera en outre les sauts hors de l'aquarium. La température de l'eau sera portée à 30 °C pour la reproduction et le bac sera normalement éclairé.

Pour la reproduction, on installera un couple dans l'aquarium. Vu que les mâles sont généralement des amants fougueux et agressifs au début, on ne doit introduire que des femelles gravides et consentantes dans le bac de reproduction. Quant à ses prédispositions, on peut les tester en la plaçant derrière une glace cloisonnant l'aquarium, ou bien dans un verre flottant dans le bac. Sa réaction aux avances fougueuses du mâle seront significatives. Si la femelle cherche refuge parmi les plantes ou si, placée dans un verre, elle arbore un patron de coloration strié, signe de son désir de fuir, il vaudra mieux la laisser à l'abri d'une paroi. Si, par contre, elle présente de larges bandes transversales jaunes fortement colorées et qu'elle nage avec une allure serpentante, la tête légèrement inclinée vers le bas, à proximité du mâle, on peut présumer qu'elle est disposée à s'accoupler. Malgré tout, de violentes poursuites peuvent se produire. Le mâle débute la pariade par la construction d'un nid d'écume sous ou parmi les plantes flottantes. La femelle suit généralement son soupirant peu de temps après sous le nid de mousse, et la ponte s'ensuit sans tarder. Au cours de celle-ci, les poissons s'enlacent et les œufs tombent de la nageoire anale du mâle. A ce moment, le mâle se sépare de la femelle, alors que les œufs coulent. La femelle conserve pendant quelques secondes sa torpeur de frai, à proximité de la surface. Pendant ce temps, le mâle rassemble les œufs dans sa bouche, les enduit de mucus buccal et les recrache dans le nid. Après son « réveil », la femelle participe également à la récolte des œufs. Au bout d'environ 2 heures, la femelle, qui a pondu tous ses œufs, est chassée par le mâle, qui prend seul en charge les soins à la ponte.

Si le bac de ponte offre suffisamment de cachettes, on ne retire pas la femelle, dont la présence stimule le zèle du mâle. On retire les deux parents au bout de 4 jours environ, lorsque les alevins nagent. Ceux-ci, de très petite taille, se tiennent à ce moment à proximité de la surface ou parmi les plantes, et se mettent en quête de nourriture. Tetra Baby Fish Food, répandu plusieurs fois par jour en petites quantités à la surface de l'eau, leur conviendra parfaitement. Un diffuseur d'appoint créera un léger courant d'eau, utile pour répartir la nourriture. Ainsi nourris, les jeunes se développent très vite et, dès le troisième jour, on pourra leur distribuer des nauplies d'*Artemia salina*. Au bout d'environ dix jours, on remplace deux distributions de Baby Fish Food par la nourriture en flocons TetraOvin, favorisant la croissance. A mesure que les petits grandissent, les déchets de la nutrition ne peuvent plus être entièrement absorbés par les plantes et le filtre Brillant. Il convient alors de changer un tiers de l'eau tous les trois à cinq jours, et de nettoyer la masse filtrante tous les deux jours. Grâce à ces soins attentifs, les jeunes combattants deviennent de beaux exemplaires. Dès l'âge de deux à trois mois, on peut distinguer les sexes, la maturité étant même atteinte. Pour le bon déroulement de ces phases, l'entretien de l'eau et, surtout, la qualité de la nourriture, sont importants, toute erreur pendant les premiers jours de vie étant irrécupérable. La séquence décrite ici est le cas normal.

Malheureusement, la surproduction de combattants à nageoires voiles est à l'origine des nombreux échecs d'appariement, de la mauvaise fécondation des œufs et du comportement excessivement agressif des mâles. Souvent, les soins à la ponte sont très insuffisants, quand ils ne font pas complètement défaut. Des poissons présentant de telles déficiences comportementales ne devront pas être utilisés pour la reproduction. Ceux qui conviendront le mieux sont de jeunes exemplaires ayant grandi en groupes dans des bacs offrant suffisamment d'espace pour la nage, et non des combattants « bocal-de-confiture ».

## Développement de *Betta splendens* (forme sauvage), à une température de 26 °C.

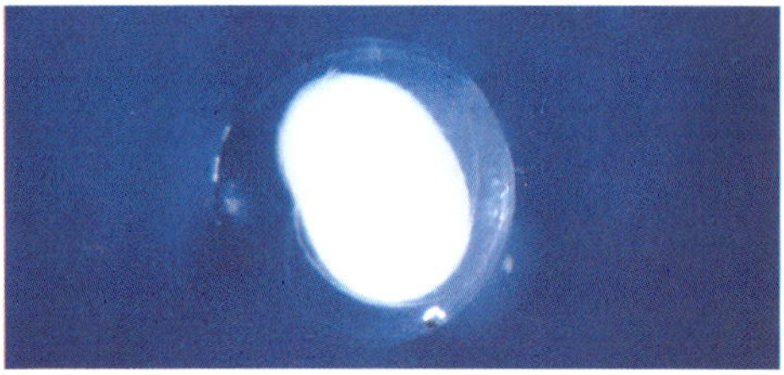

2 heures après la fécondation, les premiers indices de développement apparaissent. Les premières divisions sont décelables.

4 heures après la fécondation, un sillon bien marqué fait son apparition.

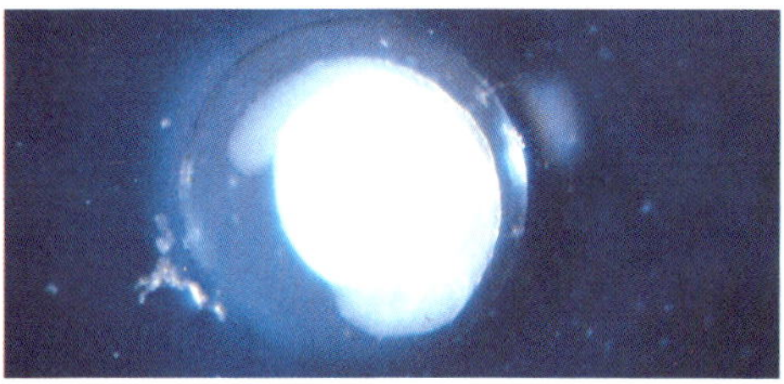

23 heures après la fécondation, la tête et le corps de l'embryon sont visibles.

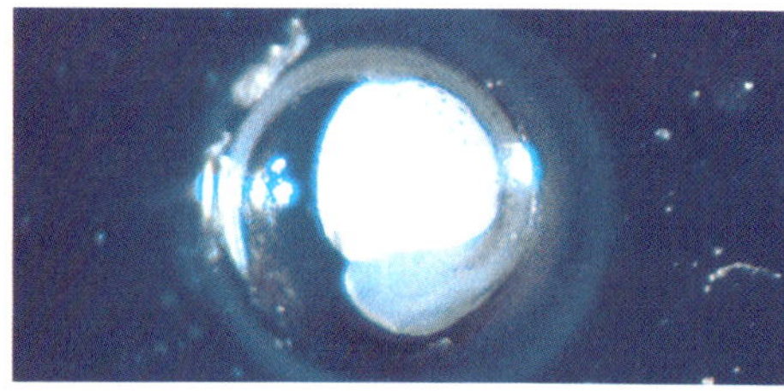

32 heures après la fécondation. Embryon bien discernable. Corps nettement séparé du vitellus. Par moment, forte agitation dans la coquille de l'œuf.

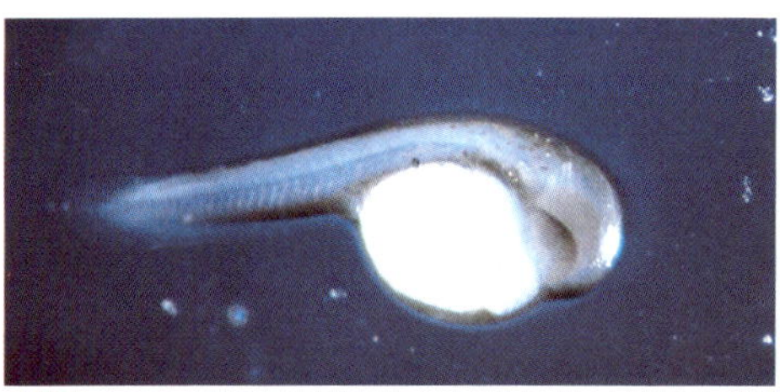

44 heures après la fécondation. Larve éclose, longueur 26 mm. Sillon oculaire et colonne vertébrale apparents.

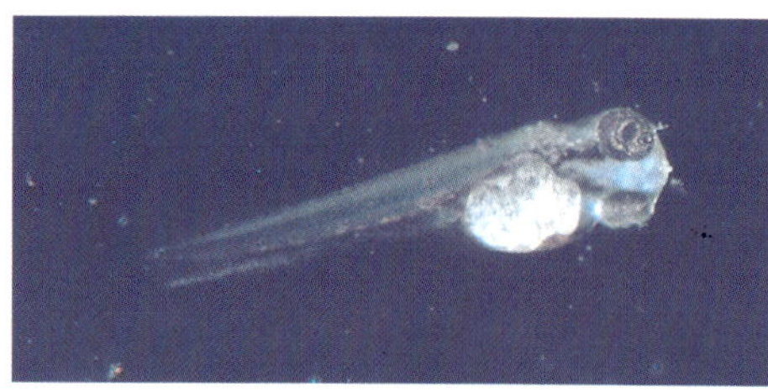

56 heures après la fécondation. Œil, anus et bouche bien visibles.

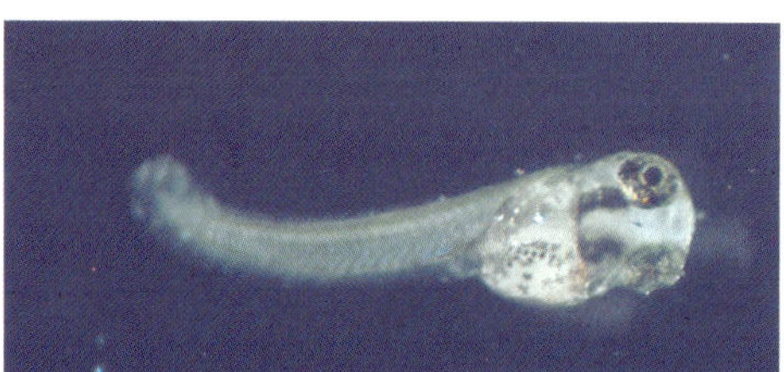

68 heures après la fécondation. Patron cryptique apparent. Toutes les parties du corps sont fonctionnelles. Yeux, bouche et opercules formés.

12 heures avant la nage libre. Alevin bien développé. Vitellus pratiquement résorbé. Développement achevé en 3 jours et 20 heures.

## ➧ *Betta strohi*

SCHALLER & KOTTELAT, 1990

Cette espèce très joliment colorée, décrite au début de l'année 1990, est un nouveau représentant du groupe «*foerschi-strohi*». Elle fut nommée d'après son récolteur, le Père Heinz Stroh, qui a vécu de nombreuses années à Kalimantan et qui s'est intensivement consacré à l'ichtyologie. *Betta strohi* présente une parenté manifeste avec *Betta foerschi*. Les différences morphologiques sont toutefois nettes, comme l'indiquent Schaller & Kottelat dans la description originale. Le prolongement médian de la nageoire caudale des mâles adultes est caractéristique. Les femelles également présentent un dessin déviant dans leur robe de pariade. Celui-ci est composé de bandes transversales sombres sur le corps, qui s'étendent distinctement jusque sur la nageoire anale. Les poissons que nous avons rapportés atteignent une taille d'environ 6,5 cm de long et sont originaires de la région de Nataisedawak, environ 4 km au sud de Sukamara, dans le sud-ouest du centre de Kalimantan.

Répartition géographique de *Betta strohi*.

Nous avons pu capturer sans problème ces poissons dans les fontaines et les sources de la localité. A l'heure actuelle, on ne connaît rien de la biologie de la reproduction de cette espèce, qui est probablement une incubatrice buccale.

*Betta strohi*

## Betta taeniata
REGAN, 1909

Cette espèce de *Betta*, peu connue et rarement tenue, est pacifique et atteint une taille de 8 cm.

La reconnaissance des sexes n'est difficile que chez les jeunes. Les mâles présentent souvent, tout comme les femelles, un patron de bandes longitudinales, qui correspond à la livrée d'effroi. Les nageoires sont généralement vert vif, l'anale présente un liseré sombre, le plus souvent bleu.

## Milieu naturel

Cette espèce est originaire de Sumatra, Bornéo, Malaisie et Thaïlande. La contiguïté de cette aire de répartition avec celle de *Betta pugnax* n'est pas tout à fait établie.

J'ai pêché ces poissons dans un cours d'eau des alentours de Kampang Matang, à proximité de Kuching, le chef-lieu de Sarawak. Les poissons se tenaient surtout dans les zones calmes à proximité des rives ou de leur végétation. L'eau était courante et fortement brunâtre.

*Betta taeniata*

La
## *maintenance*
de cette espèce n'est pas difficile. On ne doit pas la tenir en aquarium trop petit, et l'eau doit rester dans des limites douces. Une bonne filtration sur tourbe doit être présente, ainsi qu'une aération complémentaire. Une plantation riche sera préférable, ainsi que deux ou trois cavités constituées de quelques pierres ou de noix de coco. Pour la plantation, on s'orientera vers les espèces à grandes feuilles, sous lesquelles ces poissons aiment se tenir. Pour le sol, on utilisera un gravier d'une granulométrie de 1 à 3 mm. L'éclairage doit être normal, 0,5 W par litre. La température de l'eau doit atteindre 24 °C. Un changement régulier de l'eau, d'un quart à un tiers tous les 15 jours, est nécessaire. Pour la nourriture, qui devra être consistante, TetraMin conviendra tout à fait. L'emplacement devra être calme, cette espèce étant assez timide.

Tableau n° 3

| | |
|---|---|
| Localité : | cours d'eau des environs de Kampang Matang, près de Kuching, à Sarawak |
| Transparence : | eau claire |
| Couleur : | brun soutenu |
| pH : | 5,5 |
| Dureté totale: | moins de 2 °TH fr. |
| Dureté carbonatée: | moins de 2 °THCa fr. |
| Conductivité : | 6 µS/cm à 26,5 °C |
| Nitrites : | 0,05 mg/l |
| Profondeur : | jusqu'à 1 m |
| Courant : | faible |
| Température de l'eau : | 26,5 °C |
| Date du relevé : | 12/3/1980 à 12h00 |

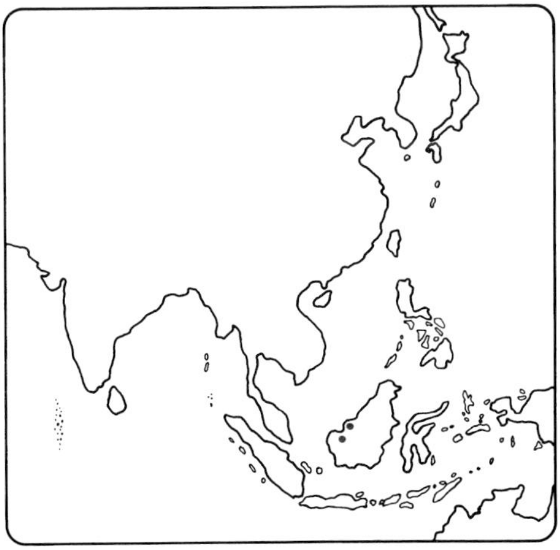

**Répartition géographique de *Betta taeniata*.**

## *Reproduction*
Cette espèce n'a jusqu'ici que rarement été reproduite. Certes, Walter Armbrust, de Hambourg, a pu observer le déroulement de la ponte, mais tout comme moi-même, n'a pas obtenu de succès. Pour tenter de la réussir, on utilisera un aquarium qui sera aussi celui de la maintenance normale. Les valeurs physico-chimiques de l'eau seront égales à celles du milieu naturel, et la température sera portée à 27 °C. Vu que les rares spécimens que l'on peut obtenir sont exclusivement des individus sauvages, il est vraisemblable que le développement des oeufs ne soit possible que dans des eaux identiques à celles du biotope d'origine. Pendant la ponte, les mâles sont gris clair à vert tendre, avec l'extrémité des écailles blanc-vert. Les femelles montrent une bande longitudinale claire et le reste du corps est recouvert de gris sombre. Le couple prend place le plus souvent sous une grande feuille de plante aquatique ou sous une pierre en surplomb, à quelques centimètres du fond. Ce site de ponte est surtout défendu par la femelle. Les autres poissons seront repoussés. Le frai comporte plusieurs phases d'accouplement. Tout d'abord, la femelle nage autour du mâle légèrement courbé, et lui attouche le milieu du corps, au niveau de la nageoire dorsale, avec sa bouche. Après quoi, le mâle et la femelle s'enlacent en une courte étreinte, au cours de laquelle le mâle entoure la femelle

de son corps en « U », la tête et la queue vers le haut. L'étreinte dure environ 5 secondes, après quoi, les partenaires se séparent. La femelle prend en bouche les œufs qui s'échappent sur la nageoire anale du mâle. Quelques minutes plus tard, après avoir vigoureusement « mastiqué » les œufs, la femelle les crache un à un vers la bouche du mâle, rattrapant ceux que ce dernier n'a pas happé. Les partenaires semblent souvent jouer à qui attrapera l'œuf. En général, après la récupération de tous les œufs d'une phase de ponte, au nombre de 5 à 15, c'est le mâle qui entreprend de renouveler l'acte de ponte. La défense du territoire est assurée simultanément, le femelle y étant plus active, y compris pendant l'accouplement.

Les pariades d'accouplement sont également observées pendant les phases de ponte. Celles-ci peuvent se produire toutes les 10 à 20 minutes. La ponte entière dure environ six heures.

Une fois que le mâle a récupéré tous les œufs de la femelle, effectuant des mouvements « masticatoires » sporadiques, la cavité buccale distendue, il se retire dans un coin tranquille de l'aquarium, qui sera au début encore défendu par la femelle contre d'autres poissons.

Selon toute vraisemblance, les jeunes quittent la bouche parentale au bout du dixième jour de développement et grandissent rapidement. Les parents ne doivent pas être laissés en leur compagnie.

Une bonne couverture de plantes flottantes dans l'aquarium est toutefois indispensable pour offrir une protection aux alevins.

Cours d'eau des environs de Matang, milieu naturel de *Betta taeniata.*

## ➧ *Betta tussyae*

SCHALLER, 1985

Le Combattant strié rouge

Cette espèce de combattant nouvellement décrite est une proche parente de *Betta coccina*. Il s'agit d'un constructeur de nid de bulles de taille modeste, les adultes atteignant 6 cm en aquarium. La détermination des sexes n'est pas toujours facile. Les mâles présentent des nageoires dorsale, anale et ventrales légèrement plus longues. En outre, leur coloration est légèrement plus intense. Leur milieu naturel est réduit aux alentours de la ville de Kuantan sur la côte est de la péninsule malaise. Cette espèce y vit entre autres en compagnie de *Sphaerichthys osphromenoides osphromenoides*, *Parosphromenus nagyi* et parfois aussi de *Betta imbellis*. Il s'agit le plus souvent de petits rus et flaques, ou d'eaux de retenue légèrement courantes, de seulement quelques centimètres de profondeur pendant la saison sèche. Les poissons s'y tiennent souvent entre les feuilles mortes ou les massifs de plantes aquatiques. René Krummenacher (1985), qui put pêcher cette espèce en plusieurs endroits, fournit les indications suivantes: « Route Kuantan-Segamat, 3,6 km avant la borne 141 km de Segamat ou 32,4 km avant Kuantan, à droite de la route. L'eau, d'une couleur de thé, avait un pH de 5,5, une conductivité de 15µS/cm, une largeur de 0,2 – 2 m pour 0,5 – 2 m de profondeur, elle était légèrement courante à stagnante. »

Répartition géographique de *Betta tussyae*.

Sur la base des connaissances actuelles, la maintenance se fera dans une eau pauvre en sels minéraux, propre, acide (pH autour

*Betta tussyae*

de 5) et d'une température comprise entre 25 et 27 °C.

Les conditions environnementales décrites par Krummenacher et Waser furent observées pendant les mois d'étiage de juillet-août. De fait, mes observations de 1987 sont intéressantes dans la mesure où elles ont été effectuées pendant le mois de janvier, en pleine saison des pluies, en période de crue. La route Kuantan-Mersing-Johor Baharu croise un petit ruisseau atteignant 8 m de large entre les bornes kilométriques 16 et 17 de Kuantan ou 313 et 312 de Johor Baharu, sous un pont en béton. Ce ruisseau déploie vers l'est des anses atteignant 20 m de large. Il traverse par endroits des massifs de forêt vierge, denses mais n'offrant que peu de couvert. Dans les petites anses, atteignant 50 cm de profondeur, vit une quantité étonnante de *Betta tussyae* et, surtout, de *Parosphromenus nagyi.* En 30 mn environ, je pus attraper près de 30 exemplaires de *P. nagyi* de 2 à 3 cm de taille moyenne, dans quatre petites anses de 20 à 40 cm de profondeur, entre les débris végétaux et les plantes aériennes. De nombreux spécimens de *Betta tussyae,* mesurant entre 2 et 3 cm de long, étaient également présents. En outre, vivaient là *Sphaerichthys o. osphromenoides*, *Betta pugnax*, des têtes-de-serpents (Channidés) et *Trichopsis vittatus.* L'eau de ces anses était presque stagnante et sa température était de 23,9 °C. Le pH était de 3,62, mais chutait à 3,28 dans les zones stagnantes entre les plantes et les feuilles mortes. La conductivité atteignait 49µS/cm (pH 3,62). Les duretés totale et carbonatée étaient de moins de 2° fr. L'exposition au soleil dans la région dure généralement toute la journée. Ces relevés furent effectués à 14 h 30.

Il est intéressant de noter qu'on trouvait des densités proportionnelles de juvéniles de *Betta tussyae* et de plus grands *P. nagyi* par mètre carré. Un coup d'épuisette à proximité de la rive ramenait un à cinq exemplaires de ces espèces. Les poissons se tenaient toujours entre les touffes de plantes ou autres débris végétaux, dans des expansions latérales de 20 cm de profondeur. L'eau était d'une étonnante couleur brun foncé, probablement due aux feuilles mortes tombées des arbres en surplomb. Le fond était constitué de sable vaseux et latéritique, un mélange très « gras ». Les plantes aquatiques n'étaient pas fermement fixées.

Biotope de *Betta tussyae,* environ 16 km au sud de Kuantan.

## *Betta unimaculata*
(POPTA, 1905)

Cette espèce du groupe *« macrostoma-patodi-unimaculata »*, l'une des plus grandes du genre, fait partie sans aucun doute des espèces à incubation buccale les plus joliment colorées. Elle peut atteindre une longueur totale de 12 cm. La distinction des sexes est possible très tôt : les mâles sont nettement plus colorés, ont une tête plus grande et présentent des plaques operculaires vert intense. *B. unimaculata* réclame une nourriture consistante et est généralement paisible, même avec de petits poissons.

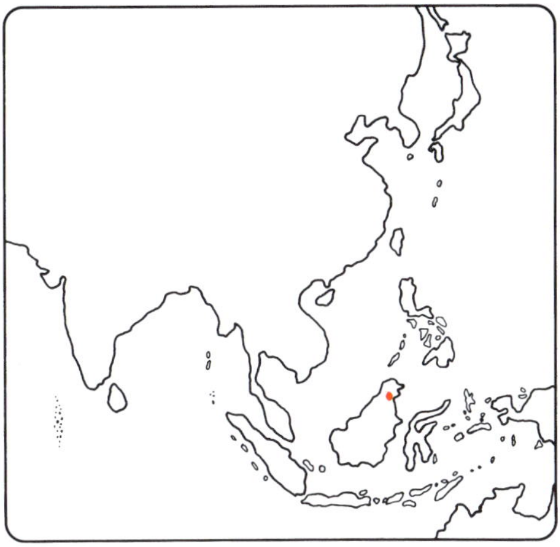

Répartition géographique de *Betta unimaculata.*

### Maintenance

La maintenance de *B. unimaculata* ne pose pas de problèmes, l'eau ne nécessitant pas de dispositions particulières. Il doit toutefois être signalé que ce n'est pas un poisson d'eaux très acides et très douces.

### Reproduction

La reproduction n'est pas difficile à obtenir et ne se distingue que peu dans son déroulement de celle de *Betta pugnax*. Alors que chez presque tous les *Betta* à incubation buccale, la femelle prend les œufs en bouche après la fécondation, en vue de les recracher vers le mâle, qui les reprend à son tour dans la gueule, pour les y incuber, seul le mâle *Betta unimaculata* recueille les œufs après leur fécondation. Le rôle de la femelle s'arrête là. L'incubation des œufs par le mâle dure quelque 15 jours à 25 °C. Après quoi, les jeunes abandonnent la cavité buccale paternelle. Ils acceptent immédiatement des nauplies d'artémias fraîchement éclos comme première nourriture. Les liens entre le père et ses rejetons ne se prolongent guère au-delà de leur sortie de sa bouche. Le mâle alors ne s'occupe habituellement plus

*Betta unimaculata*, forme sauvage

des jeunes. Si l'eau de leur bac d'élevage est propre et leur nourriture variée, les jeunes grandissent très vite. Dès l'âge d'environ deux mois, les jeunes *Betta unimaculata* peuvent atteindre près de 5 cm de long. Un nombre de 50 à 80 jeunes constitue une bonne moyenne.

## Milieu naturel

Le milieu naturel de cette espèce se trouve au sud de Sabah, sur l'île de Bornéo (Malaisie de l'Est). J'ai pu relever la présence de cette espèce en 1980 dans les environs de Tawau. C'est une ville sur la mer de Célèbes, à proximité de la frontière indonésienne de l'île de Bornéo, près de Kalimantan. Les environs de Tawau sont presque exclusivement constitués de plantations de palmiers à huile, de caoutchouc et de cacao. De fait, les cours d'eau sont tributaires de l'activité humaine. L'épandage de grandes quantités d'insecticides n'a, heureusement, pas encore d'influence sur la faune et la flore aquatiques. Les cours d'eau étant rapides, le renouvellement de l'eau est assuré. D'importantes précipitations accélèrent ce processus. *Betta unimaculata* est abondant dans ces régions. Il vit caché, le plus souvent solitaire, au bord de l'eau et entre les plantes ou les broussailles de la rive. Ces poissons sont souvent de taille moyenne, atteignant généralement une longueur totale de 9 cm. Dans les bras latéraux, d'une profondeur moyenne de 2 à 3 m, on trouve souvent des jeunes de 3 cm de long, vivant habituellement au milieu des débris végétaux tombés à l'eau, à 2 cm de profondeur seulement.

Il est utile de mentionner les paramètres de l'eau de cette région, vu leur importance dans la réussite d'une reproduction. Le 21/3/1980, j'ai pu relever dans un petit cours d'eau d'env. 3 m de large, situé 12 milles au nord de Tawau, dans la région des plantations de Baleaster, près de la localité de Kampong Imam, les valeurs suivantes : TH et THCa se trouvaient aux alentours de 7° fr., le pH vers 7,5 et la conductivité à 80µS/cm, mesurée à une température de 25 °C. Je pus faire des relevés sur un deuxième biotope situé environ 25 km à l'est de la ville de Tawau, sur la rivière Balung. Là encore, le paysage était essentiellement composé de plantations de palmes et de cacao. Je ne pus relever la présence de cette espèce dans la Balung elle-même. Cette rivière boueuse de 8 m de large en moyenne ne constituait manifestement pas un biotope adéquat. Dans les flaques et petits ruisseaux limitrophes, l'espèce était au contraire très abondante. Malgré des efforts soutenus, *Betta balunga*, décrit dans cette région, n'apparut jamais dans le filet.

*Betta unimaculata*, forme d'élevage, l'« unimaculata bleu ».

Les espèces du genre *Colisa*, hautes et comprimées latéralement, sont des anabantoïdes de petite taille très colorés et ne posant pas de problèmes pour leur maintenance. Leur répartition géographique s'étend de l'ensemble de l'Inde à la Birmanie.

## Colisa chuna

(HAMILTON-BUCHANAN, 1822)
Le Gourami miel

Le Gourami miel, également désigné sous le nom de *Colisa sota*, fait partie des plus petits représentants du genre. Sa longueur totale atteint 5 cm. Les mâles adultes développent sur le corps et sur la nageoire caudale une coloration rouge-orange. La région operculaire sous l'œil, la poitrine et le dessous du ventre, ainsi que la portion épineuse de la nageoire anale sont bleu nuit à noir. La portion épineuse et le dessus des rayons mous de la nageoire dorsale sont jaune citron.

*Colisa chuna*, forme sauvage

Les femelles sont uniformément grises, avec une bande longitudinale gris sombre, pouvant s'éclaircir par moments. Malheureusement, les mâles dominés ou effrayés présentent également cette coloration femelle. De ce fait, la distinction des sexes est souvent difficile. Les femelles gravides peuvent être reconnues à leur abdomen plus développé.

## Milieu naturel

Selon l'ichtyologiste Francis Day, cette espèce est originaire de la vallée de l'Assam, du réseau du grand Brahmapoutre dans le nord-est de l'Inde, jusqu'à la plaine du fleuve Hooghly, à l'ouest d'une ligne Krishnanagar-Calcutta, en passant par le réseau et le delta du Gange et du Jamuna, dans ce qui est aujourd'hui le Bangla Desh.

Répartition géographique de *Colisa chuna*.

## Maintenance

La maintenance du Gourami miel est tout à fait possible dans un petit bac. Un aquarium de 50 cm de long par 30 de large et 30 de haut sera suffisant, et la forme « petit aquarium pour anabantoïdes » est idéale.

Selon la taille de l'aquarium, on y installera plusieurs massifs de plantes de 5 à 10 pieds d'*Hygrophila difformis* – autrefois connue sous le nom de *Synnema triflorum* – poussant jusqu'en surface dans une couche de gravier de 2 ou 3 cm d'épaisseur et de 3 mm de granulométrie.

Une paroi arrière sombre pour le contraste, ainsi qu'une eau claire, légèrement courante, contribueront au bien-être de ce poisson. L'eau ne demande pas de dispositions particulières, à condition qu'elle ne soit pas trop minéralisée ou alcaline. Les paramètres de l'eau peuvent être mesurés en quelques secondes à l'aide des TetraTests TH, THCa et pH. Lorsque le TH et le THCa dépassent 26° fr., il est recommandé d'utiliser une filtration sur tourbe active. Pour abaisser les valeurs du THCa (dureté carbonatée), en plus de la filtration sur tourbe, il est préférable d'ajouter de l'acide carbonique, ce qui peut être obtenu facilement et sans aléas à l'aide du diffuseur de $CO_2$ Tetra, indépendamment des valeurs de l'eau. La température doit se situer autour de 25 °C pour un éclairage de 0,5 W par litre. Les racines de tourbière et les plantes flottantes, ainsi que les cavités, ne sont pas nécessaires, mais pourront être utilisées.

## Reproduction

Les conditions énumérées ci-dessus doivent déjà être respectées pour la reproduction. En outre, la température doit être portée à 28 – 30 °C et la filtration assurée par un filtre Tetra Brillant, de façon à ce que le courant soit moins fort et ne constitue pas une menace pour les jeunes.

Une bonne couverture du bac doit être assurée au moyen d'un couvercle en verre ou tout autre matériau transparent, de façon à éviter le refroidissement de la couche d'air située au-dessus de la surface de l'eau et les sauts des poissons hors de l'aquarium. Cette remarque est valable pour tous les aquariums d'anabantoïdes.

## ➧ *Colisa fasciata*

(BLOCH & SCHNEIDER, 1801)
Gourami fascié

Cette très jolie et pacifique espèce du genre *Colisa* est également connue sous le vocable moins approprié de gourami géant, qui convient davantage à *Osphronemus gorami*. Sa taille peut atteindre 10 à 12 cm. Les mâles sont très richement colorés, alors que les femelles sont essentiellement grises. Malheureusement, les couleurs des mâles n'apparaissent que tard, à la taille de 5 à 6 cm. La distinction des sexes est difficile chez les jeunes. Les mâles présentent des nageoires dorsale et anale terminées en pointe, liserées respectivement de blanc et d'orange.

### Milieu naturel

Le milieu naturel de cette espèce est constitué par l'intérieur des terres de la côte du Coromandel, dans les états de Tamil Nadu et Andhra Pradesh, dans le sud-est de l'Inde, régions fortement peuplées et large-

*Colisa fasciata*

ment recouvertes de rizières. Tout comme *Colisa chuna* et *Colisa lalia,* ce poisson provient également du Bengale, dans le nord-ouest de l'Inde, et du Bangla Desh.

## Maintenance

La maintenance est aisée et ne pose pas de problèmes. Cette espèce étant légèrement plus grande que les autres *Colisa,* un aquarium de 100 cm de long, 40 de large et 40 de haut sera préférable. L'agencement comprendra divers massifs de plantes telles que *Limnophila heterophylla, Hygrophila difformis,* également connue sous le nom de *Synnema triflorum,* et quelques exemplaires isolés de la fougère flottante *Ceratopteris pteridoides.*

Répartition géographique de *Colisa fasciata.*

*Colisa fasciata* convient aussi bien au « petit » qu'au « grand aquarium pour anabantoïdes ».

La température de l'eau doit se situer entre 23 et 25 °C et descendre de 1 ou 2 °C pendant la nuit. La qualité de l'eau ne demande pas de dispositions particulières, un éclairage moyen conviendra également.

## Reproduction

La taille du bac ne devra pas descendre en dessous de 100 cm de long pour 40 de large, cette espèce étant très prolifique. Pour une hauteur d'eau d'environ 20 cm, on pourra faire tenir plusieurs groupes de *Vallisneria spiralis* ou d'*Hygrophila corymbosa.* Des plantes flottantes, telles que *Pistia stratiotes,* la laitue d'eau, ou *Riccia fluitans,* sont les bienvenues, mais elles ne seront pas utilisées par le mâle pour la construction du nid de bulles.

La température de l'eau devra être portée à 28 °C. Une filtration sera mise en place à l'aide d'un filtre Tetra Brillant, de façon à offrir aux futurs jeunes une bonne qualité d'eau. L'éclairage sera légèrement plus faible que pour la maintenance. On le ramènera à des valeurs normales, soit environ 0,5 W par litre, après la ponte, de façon à conserver la vitalité des plantes, celles-ci étant gages de bonne qualité de l'eau. Ce qui ne dispensera pas, en présence de grandes quantités d'alevins, de renouveler un tiers de l'eau tous les trois à cinq jours. Tetra Baby Fish Food constitue une bonne première nourriture, car il est adapté aux besoins des alevins. L'appétit des jeunes *Colisa fasciata* est tel qu'ils peuvent être nourris de nauplies d'*Artemia salina* au bout de 10 jours.

## Colisa labiosa

(DAY, 1878)
Gourami lippu

La position de cette espèce de *Colisa* n'est pas encore tout à fait éclaircie, dans la mesure où on ne sait pas s'il s'agit d'une espèce à part entière ou d'une variété géographique de *Colisa fasciata*.

Le « Gourami lippu » reste toutefois légèrement plus petit, atteignant une taille de 6 à 8 cm. Là encore, les mâles sont très joliment colorés, et leur nageoire dorsale, liserée de rouge, est terminée en pointe. La nageoire anale de *Colisa labiosa* est arrondie et présente un liseré blanc. Là aussi, la coloration des femelles est à base de gris.

## Milieu naturel

La première description de l'espèce par Day mentionne la Birmanie, des environs de la rivière Irrawaddy dans le Nord, avec la région fertile du chef-lieu Mandalay, jusque dans le Sud, dans le delta de l'Irrawady, avec la capitale Rangoon et la ville portuaire de Bassein. Les localités mentionnées par Regan, situées en moyenne au-dessus de 1000 mètres d'altitude dans le plateau du Chan, dans l'est de la Birmanie, demandent à être confirmées. A côté de cela, il existe de nombreuses localités nouvellement découvertes au Bangla Desh, peu connues jusqu'ici.

## Maintenance et reproduction

*Colisa labiosa* et *Colisa fasciata* étant identiques sur ces points, on se reportera aux paragraphes concernant ce dernier.

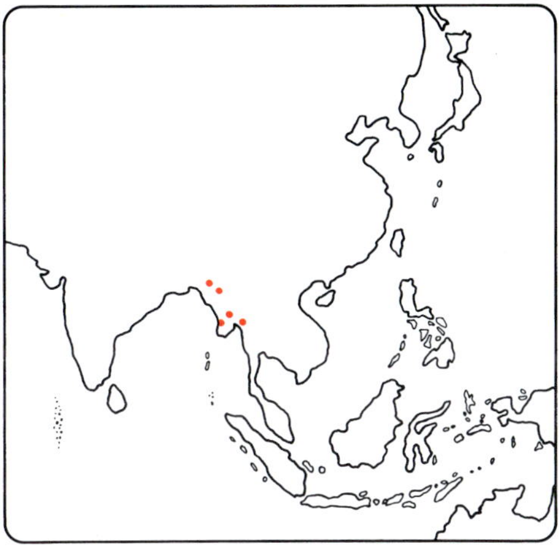

Répartition géographique de *Colisa labiosa.*

*Colisa labiosa*

## *Colisa lalia*

(HAMILTON-BUCHANAN, 1822)
Gourami nain

Cette espèce, l'une des plus connues et des plus souvent tenues du genre, atteint 6 cm de long. Les mâles présentent très tôt leur robe multicolore, alors que les femelles conservent une robe gris argenté. En outre, la portion molle de leur nageoire dorsale reste arrondie, alors qu'elle se termine en pointe chez les mâles.

Le
### milieu naturel
décrit par Francis Day comprend les plaines du nord-est de l'Inde et de ce qui est aujourd'hui le Bangla Desh, dans les systèmes et deltas des fleuves Gange et Jamuna – qui se rejoignent à leur embouchure. *Colisa lalia* se rencontre souvent avec *Colisa chuna* et *Colisa fasciata*. De ce fait, les conditions de vie de ces trois espèces sont semblables.

Pour la
### maintenance
de *Colisa lalia*, on utilisera des bacs de 50 cm de long par 30 de haut et 30 de large. Le « petit aquarium pour anabantoïdes » lui est tout à fait recommandé.

Répartition géographique de *Colisa lalia*.

*Colisa lalia*, forme sauvage

Forme sélectionnée de *Colisa lalia,* le « lalia rouge ».

Forme sélectionnée de *Colisa lalia,* le « lalia arc-en-ciel ».

L'agencement classique comprend des racines de tourbière, des groupes de cinq à dix pieds de *Limnophila aquatica* et *Hygrophila polysperma,* sur un gravier de 3 mm de granulométrie, ainsi qu'une couverture partielle de la surface par la plante flottante *Riccia fluitans.* En général, l'eau du robinet peut être utilisée pour la maintenance, si elle n'est pas trop dure et alcaline, ce qui peut être rapidement vérifié à l'aide des TetraTests TH, THCa et pH. La température normale se situe autour de 25 °C. L'aquarium devra être bien planté et situé dans un emplacement calme. Il faut éviter de manipuler ou de heurter trop souvent le bac de maintenance. Les *Colisa lalia* réagissent à toutes les perturbations, deviennent émotifs et donc très timides.

## Reproduction

Un aquarium agencé tel qu'il a été décrit pour la maintenance conviendra également très bien pour la reproduction. Il convient seulement d'abaisser le niveau de l'eau jusqu'à 10 – 15 cm, et d'élever la température à 28 – 30 °C. L'utilisation de plantes aquatiques telles que *Limnophila aquatica* et l'hépatique flottante, *Riccia fluitans,* est essentielle, les mâles *Colisa lalia* étant de vrais petits architectes lors de la confection de leur nid de bulles. Ils construisent leur ouvrage d'art parmi les feuilles des plantes fixées et surtout flottantes. Celui-ci s'élève souvent jusqu'à 2 cm au-dessus de la surface de l'eau et mesure jusqu'à 6 cm de diamètre. *Colisa lalia* fait partie des rares anabantoïdes qui consacrent beaucoup de soins à la construction du nid. Sitôt qu'un mâle a préparé son nid de bulles, il se met en quête d'une femelle gravide. Il lui tourne autour, nageoires déployées, en parade d'imposition, puis retourne vers son nid. Ce faisant, il s'arrête à plusieurs reprises pour s'assurer que la femelle le suit. Dès que les deux poissons se retrouvent sous le nid, le mâle tourne autour de sa partenaire, et danse en lui montrant ses plus belles couleurs. Souvent, la femelle prend peur face au tempérament du mâle et s'enfuit. Ce manège se répétant durant quelques minutes finit par déboucher sur un accouplement, au cours duquel les partenaires effectuent une nage circulaire l'un autour de l'autre. Puis, la femelle touche avec sa bouche le ventre ou la région caudale du mâle, lui indiquant que le moment est venu d'étreindre sa compagne. Il s'exécute alors et la couche sur le flanc. Au bout de quelques secondes, elle finit sur le dos. C'est à ce moment que les œufs sont pondus, pour être fécondés aussitôt. Quelques secondes plus tard, les partenaires se séparent et les œufs remontent librement vers la surface. La femelle s'éloigne alors du site de ponte, alors que le mâle recueille immédiatement les œufs avec sa bouche pour les mettre dans le nid. Dès que tous ceux-ci sont rassemblés et arrimés aux bulles, l'étreinte suivante peut avoir lieu. Lorsque plusieurs femelles sont présentes dans le bac, il n'est pas impossible que le mâle s'accouple avec plusieurs partenaires durant une même ponte. Deux heures plus tard, le mâle entreprend seul les soins à la ponte. Les premiers embryons s'échappent de leur coquille environ 12 à 14 heures après le frai, à une température de 27 °C. Près de 24 heures plus tard, la tête est bien distincte, et la colonne vertébrale commence à se dessiner. En outre, une pigmentation de protection apparaît sur la tête. A 33 heures environ, les yeux présentent déjà un iris noir doré, sont nettement formés à 52 heures et déjà fonctionnels. 10 heures plus tard, soit 62 heures après la ponte, les larves présentent un patron cryptique sur tout le corps. Les nageoires sont tout à fait distinctes, le sac vitellin est résorbé et les organes internes sont fonctionnels.

A ce moment, soit deux jours et 14 heures après le frai, les jeunes quittent le nid paternel en nageant activement. Certes, le père tente encore de reprendre ses rejetons, mais quelques heures plus tard, ceux-ci sont disséminés dans tout le bac. Sitôt le stade de la nage libre atteint, le soigneur doit retirer les parents du bac de reproduction. Tetra Baby Fish Food peut alors être distribué comme première nourriture. Dans le même temps, un diffuseur sera installé pour fournir de l'air en abondance.

Forme sélectionnée de *Colisa lalia,* le « lalia néon ».

Forme sélectionnée de *Colisa chuna,* le « gourami miel jaune ».

## Ctenops nobilis
Mc. CLELLAND, 1845

Cette espèce encore peu étudiée n'a jusqu'ici que très rarement été importée. Les premières importations vivantes massives en Europe eurent lieu au milieu de 1986. Les quelques exemplaires de *Ctenops nobilis* introduits en 1912 et en 1955/56 ne permirent guère de mieux connaître cette espèce. Aujourd'hui encore, les conditions de maintenance et la biologie de la reproduction sont presque inconnues. Même la distinction des sexes ne repose que sur des suppositions. D'après les observations faites jusqu'ici, *Ctenops nobilis* est une espèce sensible et d'une maintenance instable. On ne sait pas pour le moment si ces poissons, qui se situent manifestement entre les genres *Sphaerichthys* et *Trichopsis*, sont des spécialistes alimentaires. En aquarium, ils affectionnent la couche d'eau supérieure, les plantations denses et les surfaces recouvertes de plantes flottantes. D'après les observations faites jusqu'ici, il ne s'agit pas d'un prédateur. Les nourritures préférées sont tous les insectes et leurs larves, parmi lesquelles les larves de moustiques noires semblent particulièrement attractives. On ignore la fonction de son museau très allongé. Cette espèce est encore sensible et éphémère en aquarium, mais on ne sait pas si

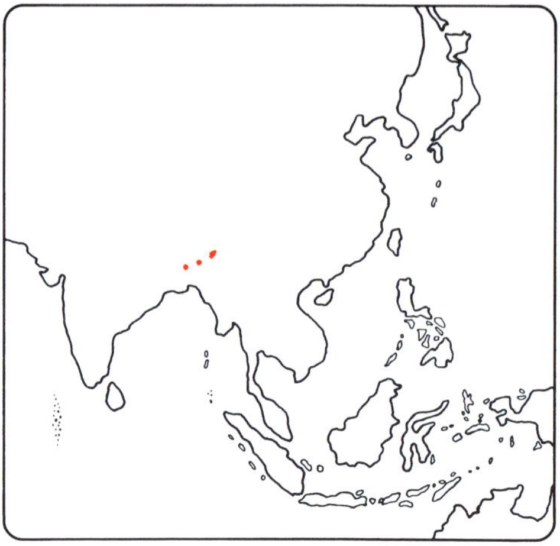

Répartition géographique de *Ctenops nobilis.*

cela est dû au fait que seuls des spécimens sauvages et traumatisés par le transport ont été tenus, ou si les conditions offertes à ces poissons sont encore inadéquates. Il est probable que des conditions subtropicales, autrement dit une eau plus fraîche, lui conviendraient davantage.

### Milieu naturel
Cette espèce est originaire de l'est de l'Inde et du Bangla Desh. Elle n'avait jusqu'ici été relevée que dans la région de l'Assam et les alentours éloignés de Dacca.

*Ctenops nobilis*

Les renseignements concernant cette espèce se limitant à ceci, je voulus m'informer davantage sur ce poisson en janvier 1987, ce qui me mena à des conclusions intéressantes. Mes recherches débutèrent à Dacca.

La capitale du Bangla Desh fournissait de nombreux indices. A côté des rares commerces aquariophiles et de la section ichtyologique de l'université de Dacca, les nombreux marchés aux poissons, grands et petits, qui proposent quotidiennement et à tous les coins de la ville de nombreux petits poissons d'eau douce constituaient de très intéressantes sources d'informations. L'extérieur de Dacca recèle en outre des piscicultures isolées et très réduites, consacrées à l'élevage de poissons d'agrément, bien qu'il s'agisse essentiellement de scalaires, de vivipares et de poissons rouges. Les espèces autochtones sont rarement proposées, bien que l'on puisse parfois trouver à acheter des *Colisa lalia* et *Colisa chuna*. La terre agraire, plane et humide, du Bangla Desh recèle une multitude de poissons chers aux aquariophiles. Notre attention se portera plus particulièrement sur les anabantoïdes. Outre les *Colisa lalia* et *Colisa chuna* mentionnés ci-dessus, on rencontre de grandes densités de populations de *Colisa labiosa* et *Colisa fasciata*, alors que *Colisa chuna* est plutôt originaire du sud-ouest du pays. Dans divers biotopes, je pus établir la présence simultanée de *Anabas oligolepis* et *A. testudineus*. A l'inverse, *Ctenops nobilis* est particulièrement rare. En tout et pour tout, je ne pus en trouver que cinq, un nombre très réduit comparé aux autres espèces. Alors que les autres anabantoïdes mentionnés ci-dessus se rencontrent en grandes quantités dans les zones dépourvues de plantes, où les pêcheurs peuvent facilement les capturer avec leurs éperviers et leurs chaluts, *Ctenops nobilis* ne vit que dans les couches supérieures densément recouvertes de plantes flottantes. Cette espèce ne se risque que rarement à découvert ou en profondeur. Ces zones étant peu propices à une pêche lucrative, *Ctenops nobilis* est assez rarement proposé à la vente sur les marchés.

On rapporte qu'il s'agit d'un constructeur de nids de bulles qui, comme les *Colisa*, construit un nid de bulles de taille moyenne au milieu des plantes flottantes et y fraie. Les mâles de *Ctenops nobilis*, dont la nageoire dorsale est plus grande et plus allongée, et qui sont plus colorés, s'occupent de la progéniture. Toutes les espèces pondent en mars à l'arrivée des pluies de la mousson. De grandes étendues sont alors souvent inondées, ce qui entraîne l'abondance explosive des petites nourritures, favorables à la reproduction. Environ 2 mois plus tard, les *Ctenops nobilis* sont à nouveau abondants.

Selon la localité, on les désigne sous les noms vernaculaires de *Modumala*, *Nakteceuda*, *Naktecolisha*, *Nagdani* et *Chibcilli*.

D'une manière générale, leur biotope est restreint aux petits marécages et alentours des ruisseaux, en zones peu profondes et stagnantes. Ils n'y vivent que dans la couche d'eau supérieure et au milieu de zones densément plantées. Leur présence se confirme surtout dans les secteurs ouest et sud-ouest de Dacca, jusqu'aux environs de Calcutta. Mais la composition des eaux de ces régions est intéressante. L'eau y est douce à mi-dure, et d'un pH proche de la neutralité.

Près de Dhamrai, en janvier, dans une étendue d'eau recouverte de jacinthes d'eau le long de la route vers Aricha sur la rivière Jamuna, où se rejoignent la Jamuna (Brahmapoutre) et le Gange, je pus relever les valeurs suivantes : TH et THCa autour de 7° fr., pH 6,76 (mesure électronique), et conductivité de 182 µS/cm à une température de 22,6 °C. La profondeur de l'eau atteignait 50 cm. L'eau était stagnante et en communication avec les rizières et champs inondés alentours. Sa température se situait environ un degré Celsius au-dessus de la moyenne des autres biotopes examinés. Récemment, une reproduction a été réussie par Sven Bitsch. Ses poissons pratiquèrent l'incubation buccale maternelle. Près de 150 jeunes de 5–6 mm de long furent relâchés par la femelle après une période d'incubation assez longue. Ils prirent immédiatement les nauplies d'artémias. Selon toute vraisemblance, cette espèce pratique donc exclusivement l'incubation buccale.

## Helostoma temminckii
(CUVIER & VALENCIENNES, 1831)
Gourami embrasseur

Cette espèce, également appréciée dans son pays d'origine à des fins culinaires, fait partie des plus grands anabantoïdes. On en connaît la forme naturelle vert argenté ainsi qu'une variante rose chair. En milieu naturel, il atteint une taille de 30 cm, mais n'atteint que 15 à 20 cm en grand aquarium.

La distinction des sexes est très difficile, aucun caractère externe n'étant visible. Seuls des animaux d'environ 12 cm de long peuvent être sexés. Lorsqu'on les examine par dessus, les femelles apparaissent plus larges. Autrement, à l'approche d'une ponte, la région abdominale des femelles est plus forte.

La seconde possibilité est le repérage des mâles. Pour cela, il faut sortir les poissons de l'eau. On les tient en main sur le dos. Un massage également réparti et très prudent des deux côtés de l'abdomen fera apparaître au bout d'un court instant le sperme blanc dans la région génitale des mâles matures. Cette intéressante méthode de sexage des poissons est utilisée depuis longtemps par les éleveurs thaïlandais.

### Milieu naturel

L'aire de répartition comprend la Thaïlande, la Malaisie, Bornéo et Sumatra. Dans cette répartition, la part exacte de l'élevage de cette espèce comme poisson de rapport n'a pas encore été établie. Ces poissons vivent en général dans de grands cours d'eau, des marais, mais aussi dans de petites formations lacustres. Leurs qualités alimentaires leur valent, en outre, d'être élevés en de nombreux autres endroits. Vu que, dans les régions tropicales, un poisson rapporte plus vivant que mort sur un marché, cette espèce convient bien du fait de sa respiration labyrinthique, qui lui permet de supporter le transport jusqu'à l'acheteur. En outre, les

*Helostoma temminckii*, forme sauvage

grands *Helostoma temminckii*, qui pèsent près d'un kilogramme, ont une valeur d'échange appréciable.

Les éleveurs thaïlandais tiennent les gouramis embrasseurs dans des mares de plein air de 8 m × 15 et d'une profondeur d'environ 80 cm. Sous un ensoleillement intense, la température peut s'y élever au-dessus de 30 °C. La forte évaporation peut conduire à des eaux brunes durant la saison sèche. L'équilibrage se produit au cours de la saison des pluies. Dans ces grands bassins, on introduit des jeunes de 4 à 5 cm de long, qui deviennent, en l'espace d'une année, de grands et beaux exemplaires. L'alimentation est fournie par les apports naturels extérieurs, et en particulier par les excréments de porc. La nourriture des porcs non entièrement consommée constitue une source de vitamines très riche, du fait de sa proportion en plantes supérieures. Les restes non ingérés favorisent la multiplication du plancton, et l'eau ainsi enrichie attire les insectes qui y déposent leurs œufs, ce qui assure un meilleur développement des larves.

Répartition géographique de *Helostoma temminckii.*

Malgré tout, une étonnante régénération de l'eau est constatée. Dans ce milieu, les

*Helostoma temminckii,* forme d'élevage

Gouramis embrasseurs d'environ 20 cm de long dans un élevage de plein air, en Thaïlande.

Les gouramis embrasseurs nagent au milieu de filets synthétiques suspendus dans le bassin.

poissons grandissent bien. Les spécimens particulièrement grands et vigoureux sont utilisés pour la reproduction. Avant même que l'on ne vide le bassin, pour récolter les gouramis embrasseurs, de nombreux spécimens sont pêchés à l'épervier pour expertise. Les poissons sélectionnés pour la reproduction sont mis à part et selon leur sexe, séparés dans des filets synthétiques suspendus dans le bassin, ménageant des surfaces de nage de deux à quatre mètres carrés.

Pour la reproduction, on utilise des bassins ronds d'un diamètre d'environ 80 cm. Ceux-ci seront nettoyés à fond et remplis d'eau fraîche. Le niveau de l'eau se situe alors vers 40 cm. On y place un couple de *Helostoma temminckii.* La longue séparation des sexes favorise la réceptivité immédiate de la femelle, et l'accouplement survient au bout de quelques heures. Les œufs sont émis lors de l'étreinte des partenaires et montent vers la surface. Leur éclosion réussit en eau libre et sans nid. Ils ne sont protégés en surface ni par des plantes, ni par d'autres matériaux. Les parents ne se soucient pas des œufs pendant l'accouplement. Après la ponte, les poissons sont retirés du bassin de reproduction. Les œufs étant nombreux – de gros spécimens peuvent pondre plus de 10 000 œufs –, on les recueille et les place dans de grands bacs en ciment de 6 à 8 m$^2$, avec environ 20 cm de hauteur d'eau. Les très petits alevins prennent de petites puces d'eau comme première nourriture, additionnée pendant les trois premiers jours de jaune d'œuf dur émietté. Heureusement, chez nous, pour l'élevage des poissons d'aquarium, le même résultat est obtenu avec la nourriture en poudre Tetra Baby Fish Food, qui favorise la croissance et qui est nettement plus facile à doser. Dans ces bacs en ciment, dont l'eau est partiellement et quotidiennement renouvelée, les jeunes grandissent vite jusqu'à devenir des exemplaires vigoureux, d'environ 4 ou 5 cm de long. Ils sont alors exportés pour l'aquariophilie, ou, s'ils sont destinés à l'alimentation, placés dans de grandes mares.

## Maintenance

Pour la tenue en aquarium de ces poissons, des bacs particulièrement grands sont nécessaires. Les bacs de 100 cm de long sont un minimum pour des spécimens développés,

160 cm convenant mieux. La végétation doit être abondante, et les plantes robustes et coriaces auront la préférence sur les espèces tendres. Comme le Gourami embrasseur prend sa nourriture surtout en surface, l'alimentation sera composée de nourritures en flocons, telles que TetraPhyll, une nourriture végétale à haute teneur en plantes et riche en vitamines, en alternance avec TetraMin et surtout TetraMarin, une nourriture en gros flocons à base d'aliments marins et bien équilibrée en vitamines. Seuls les poissons bien nourris deviennent de beaux exemplaires. Le « broutage » occasionnel des roches recouvertes d'algues prouve le gros besoin en nourriture végétale. Les nourritures vivantes terrestres ou aquatiques sont rarement acceptées, et en l'absence de nourriture complémentaire, conduisent au mieux à une stagnation de la croissance.

La température de l'eau doit se situer aux alentours de 25 °C, et une bonne filtration améliore leur bien-être.

## Reproduction

Cette espèce est un peu plus difficile à reproduire que les autres anabantoïdes. Pour réussir une reproduction, il convient de respecter deux points essentiels. Premièrement, les poissons doivent avoir une taille d'au moins 12 à 14 cm de long. Deuxièmement, on doit disposer d'un bac d'au moins 1 m de long, si possible 2 m, et d'au moins 60 cm de haut. La surface de l'eau doit être recouverte de plantes flottantes, ainsi que de tiges non plantées de *Rotala rotundifolia*, *Limnophila aquatica* ou *Hygrophila difformis*. D'autre part, de l'herbe séchée à tige rigide sera disposée à la surface de l'eau, pour soustraire les œufs flottants à l'appétit des parents. Par la même occasion, cela fournit une première nourriture aux alevins, du fait que l'herbe sèche ou le foin produisent des infusoires.

Les valeurs de l'eau jouent un rôle secondaire pour la reproduction. Le mâle produit sans but précis une paire de bulles d'air, qui remontent vers la surface, mais qui ne sont pas suivies de la construction d'un nid. Les partenaires s'enlacent en eau libre et produisent des œufs épars. Cette espèce étant très productive, les grands spécimens peuvent produire jusqu'à 10 000 œufs par frai. Après la ponte, on retire les parents. Les œufs flottent à la surface de l'eau ou s'agglutinent dans les plantes. Près de 4 jours plus tard, à une température de 30 °C, les jeunes nagent librement, ne semblant jamais rassasiés. Ils réclament une nourriture très petite : Tetra Baby Fish Food convient parfaitement en ce sens. On en répandra plusieurs fois par jour à la surface de l'eau. Abondamment nourris, les jeunes *Helostoma temminckii* grandissent vite, et près de quatre semaines plus tard, affrontent une nouvelle épreuve. Avec l'entrée en fonction du labyrinthe, les alevins commencent à prendre l'air atmosphérique, qui doit être à une température correcte, identique à celle de l'eau, soit 30 °C, ce qui implique qu'il est nécessaire de couvrir le bac.

**Cours d'eau typique du sud-ouest de Kalimantan, près de Kotawaringin, avec lieux d'aisance.**

## ➧ *Macropodus chinensis*

(BLOCH, 1790)

Macropode à queue ronde

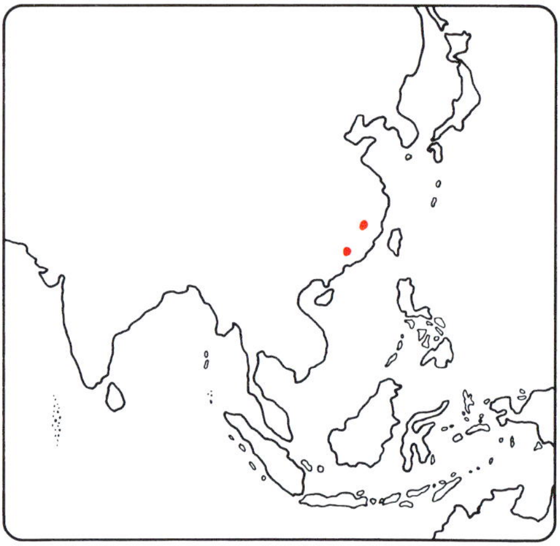

Répartition géographique de *Macropodus chinensis.*

Depuis 1990, cette espèce anciennement connue a été dénommée *Macropodus ocellatus.* La dénomination adoptée ici est toutefois conservée, en attendant de plus amples éclaircissements. Les mâles atteignent une longueur totale de 8 cm, les femelles restant un peu plus petites. D'une manière générale, la coloration habituelle de ces poissons est le gris souris. Le mâle ne rayonne d'un patron imposant que pendant sa robe d'apparat. Lors de la ponte, la femelle change pour une robe très claire, tirant vers le crème. La distinction des sexes est aisée. Les mâles, même subadultes, présentent des nageoires dorsale et anale terminées en pointe. Les femelles sont caractérisées par leur ventre rebondi. En outre, les sexes peuvent être distingués par la méthode de la transparence, telle qu'elle est décrite pour *Trichopsis pumilus. Macropodus chinensis* ne fait pas partie des poissons tropicaux et réclame de ce fait d'autres conditions de maintenance. La patrie de cette espèce est le sud de la Chine. La température peut y atteindre 30 °C pendant les mois d'été. La température hivernale atteint presque le zéro. Il s'agit donc d'un pensionnaire idéal pour un aquarium planté non chauffé ou pour le bassin de jardin, dans les régions clémentes. La maintenance doit s'effectuer dans des bacs densément plantés, y compris d'espèces flottantes. La température peut se situer entre 10 et 25 °C, selon la période de l'année. Les températures élevées ne doivent pas durer trop longtemps, sous peine de réduire la durée de vie et la résistance aux maladies des poissons.

*Macropodus chinensis*

## Macropodus concolor

AHL, 1936

Macropode noir

Cette espèce, décrite par Ernst Ahl en 1936, peut également être considérée comme une référence parmi les macropodes. Elle devient un peu plus grande, puisque les poissons sont adultes à une taille d'environ 11 cm.

La coloration de ce poisson est généralement le gris, qui tourne presque au noir à des températures élevées, ou pendant les parades agressives ou sexuelles. Les nageoires sont alors liserées de blanc et les mâles présentent des nageoires pelviennes rouge vif. De même, chez cette espèce, les femelles ont des nageoires plus courtes et restent plus petites. Le statut de cette forme est encore

*Macropodus concolor*

controversé, et il n'est pas toujours admis qu'elle soit considérée comme espèce à part entière et non comme sous-espèce de *Macropodus opercularis.*

## Maintenance

L'aquarium sera agencé comme pour *Macropodus opercularis. M. concolor* n'étant pas agressif, on peut le tenir en compagnie de presque toutes les espèces paisibles. La température doit être légèrement plus élevée, aux alentours de 24 ou 25 °C.

## Reproduction

Cette espèce se comporte comme la suivante, les conditions requises pour sa reproduction étant les mêmes. Seule la température de l'eau doit être portée à 30 °C. En outre, le retrait des parents dès la nage libre des alevins est conseillé. Le macropode noir n'est pas aussi prolifique que le poisson de paradis, et sa progéniture est plus sensible. Une eau douce et légèrement acide est donc préférable pour un bon développement.

Le poisson de paradis peut être présenté comme précurseur en aquariophilie. Il fut le premier poisson d'ornement tropical importé dès 1869, après avoir supporté un long et difficile périple entre la Chine et l'Europe. Sa coloration et son comportement faisaient alors sensation. Un couple de macropodes valait à l'époque 5 marks-or, soit l'équivalent d'un revenu mensuel moyen. La première reproduction de ce précieux poisson réussit particulièrement vite. Malheureusement, la sélection attentive des premiers temps, où l'on n'utilisait que des parents parfaitement colorés, laissa vite la place à une course au profit, qui se solda par une chute des prix. En l'absence de sélection, la qualité des poissons s'est massivement détériorée. Aujourd'hui encore, les « vieux briscards » de l'aquariophilie parlent avec enthousiasme de poissons peu comparables avec ceux que nous connaissons.

Répartition géographique de *Macropodus concolor.*

Pariade et ponte du Macropode noir.

## ➧ *Macropodus opercularis*
(LINNÉ, 1758)

Le Macropode ou poisson de paradis fait toujours partie des poissons d'aquarium les plus beaux et les plus recherchés. Il peut atteindre une longueur totale de 10 cm mais reste en général plus petit. Les mâles adultes présentent de longues et très belles nageoires, terminées par des prolongements liserés de clair. Les femelles ont des nageoires plus courtes et restent légèrement plus petites.

## *Milieu naturel*

Cette espèce est originaire du sud de la Chine, de Corée, du Viêt-nam et de l'île de Formose. Les poissons y vivent dans les rizières, les fossés et les petits ruisseaux, sporadiques jusque dans les lagunes saumâtres de la côte. Leur aire de répartition, qui s'étend vers le nord, en fait des poissons très robustes. Ils supportent des températures comprises entre 10 et 35 °C. Même des températures plus chaudes sont supportées par ces poissons.

**Répartition géographique de *Macropodus opercularis*.**

*Macropodus opercularis*

La
## maintenance
de ces poissons ne pose pas de problèmes. L'aquarium ne devra pas être trop petit, une longueur minimale de 70 cm étant préférable. Quelques massifs de plantes procureront aux femelles des cachettes. *Heteranthera zosterifolia, Hygrophila stricta, Bacopa caroliniana* ou *Limnophila aquatica* formeront de jolis groupes de 5 à 10 tiges poussant jusqu'à la surface. Des racines de tourbière, garnies de *Microsorium pteropus,* constitueront un bon contraste. Le sol sera composé de préférence d'un gravier de 1 à 3 mm de granulométrie. Les paramètres de l'eau seront secondaires. La température pourra se situer entre 22 et 25 °C, celle d'un appartement étant souvent suffisante. Des plantes flottantes telles que *Ceratopteris pteridoides* et *Riccia fluitans* seront incorporées à la décoration. L'aquarium doit être bien éclairé, 0,5 W par litre, de façon à ce que les plantes puissent pousser sans accrocs, car soigner les plantes signifie soigner l'eau, et par conséquent soigner les poissons. Un bon filtre intérieur, tel que le Tetra Brillant et sa cartouche de filtration, convient pour créer un léger courant d'eau et donc une eau claire et saine.

La mise en communauté avec de petits poissons paisibles doit être évitée, le Macropode étant souvent décrit comme agressif. Cette agressivité est toutefois essentiellement dirigée vers ses congénères.

## Reproduction
La reproduction n'est pas difficile à obtenir. Bien que ces poissons puissent se reproduire même dans de petits bacs, il est préférable de leur fournir une taille minimale de 70 cm × 30 × 30, ce qui sera bénéfique pour leur prolificité.

L'agencement de l'aquarium sera semblable à celui de la maintenance. *Macropodus opercularis* pond dans un nid de bulles, confectionné parmi les plantes de surface. Pour les amener à se reproduire, les poissons seront placés par couples. La ponte se produit pendant l'étreinte du couple sous le nid. Les partenaires s'occupent tous deux d'y rassembler les œufs. Après le frai, la femelle est repoussée. Seul le mâle prend soin de la progéniture. Il est possible d'élever plusieurs pontes ensemble dans le même aquarium car les parents, bien nourris, ne pourchassent guère leurs rejetons. La température de reproduction appropriée est de 28 °C. Les alevins nagent au bout d'environ 4 jours. La première alimentation des très petits alevins, qui sont perpétuellement affamés, sera constituée de la nourriture en poudre Tetra Baby Fish Food, qui, composée d'albumine, de carotène, de matières grasses et de nombreuses vitamines, satisfait pleinement aux besoins des jeunes. Tetra Baby Fish Food sera distribué plusieurs fois par jour en petites quantités. Par la suite, quand les jeunes atteignent une taille de 1 cm, TetraOvin prend efficacement le relais. Le filtre Tetra Brillant Super aura été remplacé avant la ponte par un filtre Tetra Billi, de façon à éliminer les risques d'aspiration des jeunes.

Lorsque le groupe d'alevins est important, la masse filtrante doit être nettoyée tous les deux ou trois jours sous l'eau courante du robinet par pétrissage et compression, de façon à conserver au filtre toute sa puissance. Malgré tout, un renouvellement de l'eau d'un quart à un tiers du volume du bac tous les huit à dix jours est recommandé. Ces recommandations sur l'alimentation et les soins sont également valables pour les autres Anabantoïdes.

Les éleveurs chinois utilisent de grands pots en terre cuite pour l'élevage de *Macropodus opercularis.*

## Malpulutta kretseri
DERANIYAGALA, 1937

Cette espèce est également connue sous le nom de macropode nain de Kretser. Décrite en 1937 par l'ichtyologiste ceylanais Deraniyagala, elle est des plus rares.

*M. kretseri* est petit et d'aspect très délicat, la taille adulte étant atteinte à 4 cm pour les femelles et 6 cm pour les mâles, non compris les rayons médians de la nageoire caudale, fortement prolongés, de ces derniers.

Répartition géographique de *Malpulutta kretseri.*

### Milieu naturel

Selon son descripteur, cette espèce est originaire de Dandegamuva, Nikaveratiya et Hettipola dans le nord-ouest de l'île, et de Gilimalé dans la province de Sabaragamuva. Une autre localité de cette espèce se trouve au sud-ouest de l'île, quelque 15 milles au nord-est de la ville de Galle, dans un massif de forêt tropicale entouré de rizières, dont les cours d'eau constituent les affluents les plus méridionaux du grand fleuve Ging-Gang. Cette région, dénommée « Kottawa Forest Reserve », est un petit bout de forêt vierge tropicale où les cours d'eau très étroits, de 1 à 2 m de large, trouvent leur chemin presque entièrement recouverts par la verdure environnante. Les rayons du soleil n'atteignent guère la surface de l'eau, si bien que la pénombre prédomine. Le fond est constitué de sable jaune brunâtre de 2 mm de granulométrie. Des feuilles mortes en abondance, provenant de la végétation émergée, recouvrent le fond et fournissent de nombreuses cachettes. Les rives sont pour la plus grande partie surplombantes, et ces poissons s'y tiennent de préférence.

*Malpulutta kretseri*

Tableau n° 4

| | |
|---|---|
| Localité : | forêt de Kottawa, 15 milles au nord de Galle, Sri Lanka |
| Transparence : | très bonne |
| Couleur : | légèrement brunâtre |
| pH : | 6,6 |
| Dureté totale: | 7 °TH fr. |
| Dureté carbonatée: | 3,5 °THCa fr. |
| Conductivité : | 35 µS/cm à 27,5 °C |
| Nitrites : | 0,01 mg/l |
| Profondeur : | jusqu'à 40 cm |
| Courant : | léger |
| Température de l'eau : | 27,5 °C |
| Date du relevé : | 28/3/1975 à 13h00 |

*Malpulutta kretseri* est encore aujourd'hui une rareté en aquariophilie. Même en milieu naturel, cette espèce est rare et pêchée en petites quantités.

## Coloration

La coloration est très variable. La couleur de base est normalement le gris-brun. En cas de légère excitation, elle se mue en patron marbré de sombre, et en cas de forte excitation, ce patron devient très sombre. Les nageoires développent une coloration bleu-noir. Chez les mâles, les nageoires dorsale, caudale et anale sont liserées de blanc.

## Reproduction

La reproduction n'est malheureusement pas toujours facile. Un aquarium d'une longueur de 50 cm est suffisant. Ces poissons font partie des pondeurs en nids de bulles. Le nid, remarquablement petit, est situé dans des cavités, sous des pierres ou de larges feuilles, quelques centimètres seulement au-dessus du fond. Après de paisibles jeux amoureux, le frai se produit sous le nid. Le mâle entoure alors la femelle et fait basculer sa région génitale vers le haut. Au bout de cinq secondes d'étreinte ferme, pendant lesquelles les œufs sont émis et fécondés, le mâle se sépare de la femelle et les deux partenaires coulent vers le fond en une sorte de torpeur de frai. Quelque 30 à 35 secondes plus tard, le mâle se « réveille » et commence aussitôt à défendre le territoire. En l'absence d'autres poissons dans l'aquarium, cette phase de défense n'est pas observée, et le mâle se consacre immédiatement à la recherche et aux soins aux œufs. On peut toutefois observer sans le moindre doute que la femelle participe à leur rassemblement. Quelque cinq heures plus tard, la ponte est terminée et le mâle entreprend seul l'élevage de la progéniture. A une température de 27 °C, les embryons nécessitent 55 à 60 heures pour sortir de leur coquille.

Le seuil de tolérance n'étant malheureusement pas très élevé, il est nécessaire de se rapprocher des conditions naturelles pour un bon développement. Seuls 15 à 25 alevins nagent après environ cinq jours, un nombre vraiment modique, qui est peut-être dans la norme en milieu naturel.

## Maintenance

*Malpulutta kretseri* fait partie des anabantoïdes délicats et sensibles. Cette espèce se satisfera bien du « petit aquarium pour anabantoïdes ». L'agencement comprendra une plantation abondante, ainsi que des cavités fournies par des pierres et des noix de coco. Une eau propre et à faible teneur en nitrates, correctement filtrée, est importante pour une maintenance saine. Le bac devra être correctement couvert, ces poissons étant de bons sauteurs qui profitent de la moindre ouverture.

## Alimentation

Pour l'alimentation, des animalcules séchés, tels que les larves de moustiques rouges de Tetra Delica, seront proposés en alternance régulière avec des nourritures en flocons, telles que TetraMin, riche en vitamines, et TetraPhyll, une nourriture à base végétale.

## *Osphronemus gorami*

LACEPÈDE, 1802

Gourami géant

Cette espèce, également originaire de Sri Lanka, n'en est pas endémique et on la trouve jusque dans les bassins des hôtels publics petits et grands, où elle est élevée pour la consommation. Elevé aujourd'hui dans de grandes parties de l'Asie, le Gourami géant est le plus grand représentant du groupe. Il atteint une taille de 70 cm et ne convient donc que pour de très grands aquariums. Son aspect quelque peu balourd, sa tête ronde et sa grande bouche prognathe le rendent assez sympathique. Pendant son jeune âge, jusqu'à la taille d'environ 15 cm, son aspect est très différent. Une tête arrondie et une coloration gris sombre parcourue de barres transversales plus sombres ne permettent guère de reconnaître *Osphronemus gorami*. Par la suite, au cours de sa croissance, la forme de la tête et la coloration changent.

Si l'on décide de tenir des jeunes de cette espèce, on doit se résoudre à les céder par la suite à des aquariums publics, qui seuls peuvent lui fournir des bacs d'une taille suffisante.

### Milieu naturel

Les localités d'origine authentiques de ce poisson sont difficiles à établir, cette espèce étant largement répandue comme animal de rapport. De grandes régions de l'Asie tropicale et sub-tropicale en font partie. Le Gourami géant est le plus souvent élevé pour l'alimentation dans des mares artificielles. Le goût de sa chair est très délicat.

*Osphronemus gorami*, juvénile d'environ 15 cm.

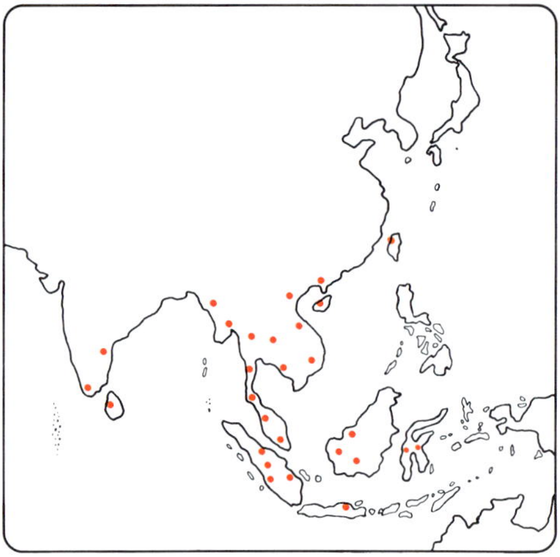

Répartition géographique d'*Osphronemus gorami.*

Des poissons adultes d'environ 70 cm de long atteignent 7 kg. Ces poissons résistant longtemps en eau chaude, leur élevage pour l'alimentation est intéressant. On les tient dans des mares artificielles de 10 m × 20 et d'environ 1 m de profondeur. Dans ce « biotope », ils deviennent, en l'espace de 30 à 36 mois, de grands poissons monnayables. Comme nourriture, ils reçoivent presque exclusivement du lisier de porc. On voit souvent des porcheries sur pilotis, directement au-dessus de l'eau, dont le fond est constitué de treillis en bois, sur lesquels vivent les porcs. Ainsi, les excréments tombent tout droit dans l'eau. L'éleveur y gagne doublement : le fond de la porcherie peut être lavé par simple aspersion d'eau,de plus, les poissons reçoivent automatiquement une nourriture très riche en vitamines. Cette méthode est également employée pour de nombreux autres poissons utilisés pour l'alimentation. Ainsi nourris, les jeunes Gouramis géants atteignent une taille de 25 cm en un an. La reproduction n'est possible que l'année suivante, à l'âge de deux ans. Le facteur de déclenchement en est vraisemblablement la saison des pluies et son grand apport d'eau fraîche. Les mâles construisent alors un nid hémisphérique formé de parties végétales. Seule la partie inférieure et plane reçoit deux bulles de mousse. Pour la construction du nid, les mâles arrachent des parties végétales situées même nettement au-dessus de la surface de l'eau.

Le nid-même est établi sur les berges densément plantées. Son diamètre est de 50 cm pour une hauteur d'environ 25 cm. La partie la plus haute est placée presque immédiatement sous la surface, et s'étend en demi-sphère vers le bas, qui forme une surface plane. Le centre de cette demi-balle végétale est empli de feuilles mortes et lâches. Les poissons pondent en s'enlaçant sous cette ombrelle. Des Gouramis géants pleinement développés sont très prolifiques, des pontes de 20 000 œufs, souvent plus, n'étant pas rares. Après le frai, le mâle prend soin de son nid. Pour améliorer le rendement, le noyau du nid et son chargement d'œufs sont placés dans de grandes cuves en ciment, de façon à en contrôler le développement. A la taille de 3 ou 4 cm, soit à l'âge de 3 ou 4 semaines, les alevins sont placés dans les mares décrites ci-dessus. Les Gouramis géants étant très gloutons, ils grossissent vite et, nourris de restes de salade, de riz et de fruits en plus des fèces de porc, deviennent vite d'imposants exemplaires.

Juvénile âgé de 2 ans et mesurant environ 40 cm.

## *Parasphaerichthys ocellatus*

PARASHAD & MUKERJI, 1929

Gourami birman

Cette espèce fut introduite pour la première fois vivante par A. Werner et par la suite, observée par le Dr. W. Foersch. Quoique très voisin du Gourami chocolat, ce poisson est adulte à la taille de 4 cm, et reste donc nettement plus petit. En outre, son corps est plus allongé et sa tête plus pointue. La nageoire caudale est arrondie. Vu par dessus, le corps est plus large, paraissant « enflé ». Les taches auxquelles cette espèce doit son nom (ocelles), ne sont que rarement et très indistinctement perceptibles sur les flancs. Foersch a tenu les deux *Parasphaerichthys ocellatus* importés à ce jour dans un petit aquarium bien planté et rempli d'eau douce. Les poissons y vivaient cachés et étaient très timides. D'après ses observations, on peut supposer que des températures basses, autour de 20 à 22 °C sont préférables pour la maintenance.

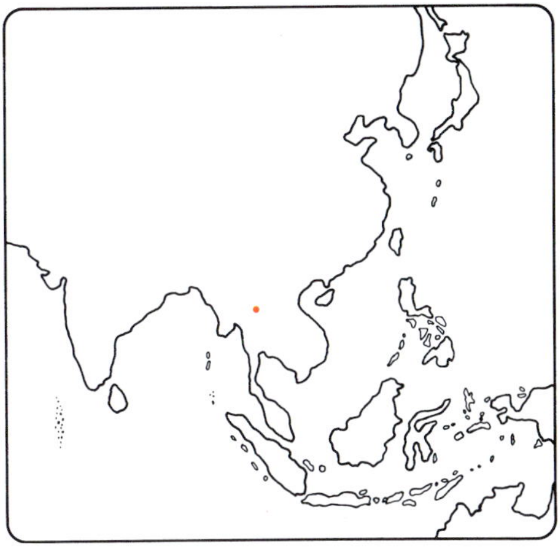

Répartition géographique de *Parasphaerichthys ocellatus.*

### Milieu naturel

Cette espèce est originaire des régions montagneuses du nord de la Birmanie. Selon la description originale, elle provient d'un étroit ruisseau le long de la Kamaing Jade Mines Road, à quelques milles de Kamaing.

*Parasphaerichthys ocellatus*

## Parosphromenus allani
BROWN, 1987

Le nom de cette nouvelle espèce de gourami peint est très inhabituel, puisque *P. allani* a été dédié par Barbara Brown à son mari. Cette description, qui porta au départ sur deux espèces, n'est en outre pas conforme à notre époque. Ces deux espèces, qui sont *P. allani* et *Parosphromenus harveyi*, présentent des similitudes avec *P. deissneri*, y compris dans leur maintenance. *P. allani* est originaire de Sarawak (Nord-Bornéo). C'est un habitant typique d'eaux peu minéralisées, acides à très acides. La qualité de l'eau est ici très importante, mais la maintenance ne pose pas de problèmes si elle est adéquate. La reproduction de ces petits constructeurs de nids de bulles a déjà maintes fois réussi. Cette espèce pond volontiers dans de petites cavités. Après la nage libre, les jeunes peuvent rester en compagnie des parents dans l'aquarium de reproduction et grandissent très vite, convenablement nourris aux *Artemia salina* fraîchement écloses.

Répartition géographique de *Parosphromenus allani.*

*Parosphromenus allani*

## *Parosphromenus anjunganensis*
KOTTELAT, 1991

Nous avons pu rapporter cette nouvelle espèce vivante pour la première fois de la région de Kapuas. Ces poissons atteignent 3,5 cm de long et partagent souvent leur biotope avec l'espèce *Parosphromenus ornaticauda.* Dans le milieu prospecté, l'eau était fortement brune, transparente, légèrement courante, très douce et, avec un pH de 5,4, très acide. La conductivité s'élevait à 22µS/cm à 28,3 °C. L'espèce fut trouvée dans un petit cours d'eau, environ 7 km au sud-ouest d'Anjungan, sur la route entre Pontianak et Sanggau, dans l'ouest de Kalimantan (Kalimantan Barat). Ces poissons vivent sans doute aussi dans la Mandor River, environ 20 km plus à l'est, où leur biotope doit être plus grand. Ces anabantoïdes nains font partie des constructeurs de nids de bulles, qui affectionnent le couvert des plantes aquatiques, y compris pour la ponte.

Répartition géographique de *Parosphromenus anjunganensis.*

*Parosphromenus anjunganensis*

### ➧ *Parosphromenus deissneri*

(BLEEKER, 1859)
Gourami peint de Deissner

Egalement connue sous le nom de Macropode nain de Deissner, cette espèce fait partie des plus petits anabantoïdes. Sa longueur totale atteint tout juste 4 cm. Les sexes sont faciles à reconnaître dans leur robe de pariade. Outre leurs deux bandes longitudinales sombres, les mâles ont les nageoires vivement colorées de rouge et de brun, et leurs bordures sont liserées de turquoise. A l'inverse, les femelles conservent une coloration de base brun jaunâtre.

*Parosphromenus deissneri*

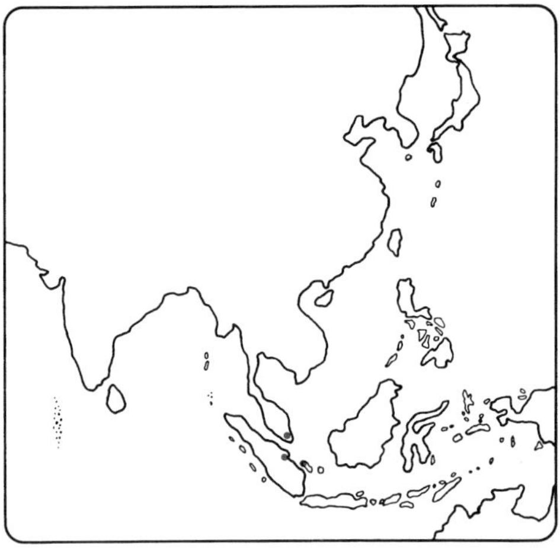

Répartition géographique de *Parosphromenus deissneri.*

## Milieu naturel

Pendant longtemps, on ne connaissait cette espèce que de l'île de Bangka près de Sumatra. Aujourd'hui, on sait qu'elle se rencontre également sur l'île de Sumatra et la péninsule malaise. Ces poissons vivent dans de petits cours d'eau modérément rapides. Les bordures peu profondes des rives ou les anses ombragées et densément plantées sont les emplacements préférés. L'eau est très propre, de coloration brun sombre. *P. deissneri* partage son biotope avec *Sphaerichthys o. osphromenoides,* le Gourami chocolat.

## Maintenance

La maintenance de ce macropode nain est problématique. De petits bacs peuvent être installés à cette fin. La décoration doit être constituée d'une plantation riche et vigoureuse, ainsi que de petites cavités formées à l'aide de pierres, de racines de tourbière et de noix de coco.

Les valeurs de l'eau doivent être aussi basses que possible : les duretés totale et carbonatée autour de 5,5° fr., et le pH autour de 5. A cette fin, il sera nécessaire de pourvoir la filtration de tourbe active. Un aquarium de 70 cm de long, de 40 de large et 30 de haut sera préférable, de façon à assurer une meilleure stabilité de l'eau, dont la température sera fixée à 25 °C. Ces poissons étant plutôt timides, on pourra les tenir en compagnie de petites espèces paisibles. L'aquarium devra être situé à un emplacement calme et être normalement éclairé.

## Reproduction

On introduit un couple de cette espèce dans un petit aquarium d'environ 50 cm de long et agencé comme décrit ci-dessus pour la maintenance. Il est important de leur fournir une ou deux cavités constituées avec des pierres formant un toit, sous lequel le mâle installera son nid de bulles puis les œufs. De même, un pot de fleurs retourné, cassé sur le côté, légèrement incliné fera l'affaire. La température sera portée à 26 °C et les valeurs de l'eau encore légèrement abaissées, le pH devant se situer autour de 4,8. La formation du couple devient manifeste lorsque la femelle se fait malmener par le mâle dans la cavité, sous le petit nid de bulles. Lors de l'étreinte des partenaires, les œufs sont expulsés et repris exclusivement par le mâle, qui les recrache sous le toit de la cavité, où ils restent agglutinés. Les larves éclosent après quelque 65 heures, et près de 7 jours plus tard, les alevins commencent à nager librement. Comme première nourriture, ils prennent alors des nauplies fraîchement éclos d'*Artemia salina,* une excellente nourriture de petite taille.

Un changement partiel et régulier de l'eau, d'un quart de l'aquarium tous les sept jours, avec une eau de mêmes caractéristiques que celle qui est retirée, contribuera à la croissance et la bonne santé des jeunes macropodes nains. Nos connaissances sur la maintenance et la reproduction de cette espèce étaient nulles jusqu'il y a quelques années. On doit remercier le Dr. W. Foersch de Munich pour ses études minutieuses sur le comportement et la reproduction de *Parosphromenus deissneri.*

## *Parosphromenus filamentosus*

VIERKE, 1981

Gourami peint à filaments

Cette autre espèce nouvellement décrite de très petite taille ressemble fortement à *Parosphromenus deissneri.* Toutefois, la nageoire caudale des mâles adultes n'est pas ronde mais lancéolée, ses rayons médians se prolongeant en filaments. Les femelles, qui présentent généralement une région abdominale plus arrondie, montrent la même coloration mais en moins intense. Leurs nageoires sont généralement plus courtes. Les rayons médians de leur nageoire caudale sont également effilés mais moins allongés.

Répartition géographique de *Parosphromenus filamentosus.*

### Milieu naturel

Cette espèce provient des environs de la ville de Banjarmasin, dans le Kalimantan, dans le sud de l'île de Bornéo. Il s'agit le plus souvent d'eaux légèrement courantes, brunâtres et douces, d'une température située autour de 27 °C et d'un pH compris entre 5 et 5,5.

### Maintenance

On doit mettre à la disposition de ces poissons de petits aquariums spécifiques, peu profonds, densément plantés par endroits et garnis de petites cavités. Contrairement à *Parosphromenus deissneri,* cette espèce est robuste et donc facile à tenir. Toutefois, un changement régulier de l'eau tous les 8 – 10 jours est nécessaire. Ces poissons doivent exclusivement recevoir de la nourriture vivante.

### Reproduction

Avec des poissons bien tenus, on pourra observer la reproduction dans l'aquarium de maintenance, mais il vaudra mieux les installer par couples en bacs de reproduction, si l'on désire la provoquer. Ces poissons fraient le plus souvent dans des cavités, sous un petit nid de bulles. Le mâle s'occupe de la surveillance des alevins. Ceux-ci atteignent la nage libre au bout d'environ 6 jours à 27 °C et se nourrissent alors de petits animalcules récoltés dans les mares.

*Parosphromenus filamentosus*

## ➧ *Parosphromenus harveyi*
BROWN, 1987

Répartition géographique de *Parosphromenus harveyi.*

C'est la deuxième espèce décrite par B. Brown dans une revue aquariophile anglaise, sans indications sur la morphologie. C'est pourquoi Jürgen Schmidt précise, dans la revue « IGL-Macropoden » 4/89, concernant l'aspect extérieur de ces poissons : « Je distingue le Gourami peint de Harvey de *P. deissneri* uniquement par l'absence de parties rouge-orange dans la coloration d'apparat des nageoires et par la coloration plus belle des femelles en robe normale. Ce Gourami peint atteint vraisemblablement une taille de 3,5 cm. Les poissons de la localité type montrent, comme tous les Gouramis peints en coloration normale, des bandes longitudinales noires sur fond clair. Des taches noires dans la dorsale n'apparaissent que rarement. Les femelles sont jaunes dans la région dorsale, la nageoire dorsale présente une bordure rouge-brun. » L'espèce a été découverte à Battu Arang, dans la province de Selangor, en Malaisie de l'Ouest. La reproduction a été réussie à plusieurs reprises. Malgré tout, cette espèce est encore très rare.

*Parosphromenus harveyi*

## ➧ *Parosphromenus linkei*
KOTTELAT, 1991

Cette nouvelle espèce de Gourami peint fut découverte par Norbert Neugebauer et l'auteur lors d'un voyage à Kalimantan en 1990. Elle atteint apparemment une longueur totale de 3,5 cm. Extérieurement, les mâles présentent une certaine ressemblance avec *Parosphromenus filamentosus* du fait du développement des rayons médians de la nageoire caudale. La tache dédoublée des flancs est un caractère spécifique. En coloration d'apparat, ces poissons présentent une robe rouge vineux et, chez les mâles, des liserés clairs bien marqués sur les nageoires. Cette nouvelle espèce est originaire d'une région marécageuse située 2 km au nord de Sukamara et 4 km au sud-ouest de Pudukuali, dans le sud-ouest de Kalimantan (Kalimantan Tengah). Dans le même biotope, nous avons pu observer beaucoup d'autres poissons, parmi lesquels une deuxième espèce de Gourami peint, nommée ici *Parosphromenus sp.* de Sukamara.

Répartition géographique de *Parosphromenus linkei.*

*Parosphromenus linkei*

## *Parosphromenus nagyi*

SCHALLER, 1985

Gourami peint de Nagy

Cette espèce est très semblable à *P. deissneri*, mais elle se distingue de ce dernier par l'absence de bandes en robe de pariade, en particulier sur les nageoires ventrales, ainsi que par l'absence totale de coloration rouge. L'espèce est adulte à une longueur totale de 3,5 cm. Ses besoins sont les mêmes que *P. deissneri*. Toutefois, il est nécessaire pour cette espèce de la tenir en groupes importants, dans des aquariums pas trop petits. La qualité de l'eau est essentielle, le respect des conditions naturelles étant indispensable pour sa maintenance. *P. nagyi* est originaire de la région de Kuantan, sur le versant est de la péninsule malaise, et y vit, entre autres, en compagnie de *Sphaerichthys o. osphromenoides*, *Betta tussyae* et, le cas échéant, également de *Betta imbellis*.

Au sujet de son biotope, Alfred Waser (1985) donne les indications suivantes: « L'eau est couleur de thé fort, a un pH de 4,3 et sa conductivité est de 50µS/cm. A midi, l'eau avait une température de 26 °C. A l'époque de la capture, une sécheresse extrême, et donc une période d'étiage, sévissait sur la côte est. »

Répartition géographique de *Parosphromenus nagyi.*

*Parosphromenus nagyi*

Quant à mes recherches, elles se situaient en janvier, après les mois pluvieux de novembre et décembre, donc en période de crue. J'empruntai une route en provenance de la mer, à travers Kuantan, qui se sépare à 28,5 km de Kuantan. Environ 2 km avant Gambang, débute la Highway 19 en direction de Segamat. Je suivis cette route encore cinq kilomètres, jusqu'à environ 150 m derrière la borne 147 km de Segamat ou, dans l'autre sens, 33 km de Kuantan, où je débutai mes recherches. Dans ces paysages buissonneux très secs, en partie cultivés, légèrement accidentés, un petit cours d'eau, difficile à voir de la chaussée, croise la route sous un pont en béton. Ce pont avait deux arches, si bien que même lors de fortes chutes de pluies, l'eau trouvait toujours un passage non obstrué. Ce cours d'eau, environ 6 m en contrebas de la route, était très pittoresque, et traversait en canaux étroits un grand champ herbeux et marécageux. Ici aussi, le tapis végétal omniprésent ne pouvait être inspecté que sur les rives, si bien qu'il ne restait plus pour les poissons que le canal profond, étroit et à courant très rapide. La pêche y est toutefois presque nulle, car les poissons ont tout le loisir de se réfugier entre les racines tombées à l'eau ou les massifs de plantes, quand ce n'est pas parmi les plantes flottantes. Leur capture fut toutefois possible dans certaines zones tranquilles, en particulier au niveau du pont. Il s'agissait de quelques *Betta pugnax (?)*, *Betta macrophthalma*, quelques barbeaux à cinq bandes, une anguille épineuse, ainsi que trois *Parosphromenus nagyi*, deux mâles et une femelle, ce qui me procura un beau couple dont le mâle était joliment coloré. Les poissons se tenaient dans une zone peu profonde très peu agitée par le courant, qui était recouverte par des débris végétaux et de petites plantes émergées poussant dans l'eau. Le pH se situait vers 4,9 (test liquide) ou 4,63 (électronique), et la conductivité était de 9 µS/cm à 24,1 °C. Le TH et le THCa se situaient en dessous de 2° fr. Les mesures ont été effectuées vers 12 heures par un ciel variable, avec alternances d'éclaircies.

Pour tous les poissons, la période de crue est très favorable. En période de basses eaux, à la saison sèche suivante, qui atteint son paroxysme en juillet-août, il ne reste plus que de petits rus, souvent de quelques centimètres de profondeur. Par endroits, se trouvent quelques petites anses marécageuses. Le couvert végétal, presque entièrement éliminé par l'eau en janvier, envahit à nouveau le lit. Sous cette végétation dense, l'eau subsiste dans quelques renfoncements, qui constituent un milieu typique de certaines espèces en saison sèche. Celui-ci offre protection contre les ennemis aquatiques et aériens. La végétation dense, souvent broussailleuse, protège les poches d'eau stagnantes des températures excessives et de l'assèchement complet. Ce milieu de « survie » convient particulièrement aux espèces du genre *Betta*. Ainsi, on peut rencontrer *Betta splendens* dans de tels biotopes. Dans les alentours de Kuantan, dont les eaux sont parfois très acides, se rencontre *Betta tussyae* qui, comme l'ont établi Waser et Krummenacher (1985) au cours d'investigations pendant les mois de juin-juillet, utilise pendant la sécheresse les plus petits habitats aquatiques.

On les trouve parmi les herbes et autres plantes dans un milieu si faiblement inondé, par endroits de seulement quelques centimètres de profondeur, que l'on y croit leur existence impossible. Les quelques fortes averses isolées, pendant les mois « secs », sont bien entendu salvatrices. Malgré celles-ci, on peut parler d'une forte concentration des eaux restantes, presque jusqu'à la fin de la période de faible pluviométrie. Les valeurs n'en varient toutefois guère. Certains auteurs parlent aussi d'un « épaississement » des eaux. A l'arrivée des pluies de la mousson en novembre, l'eau se « délaye » à nouveau. Le rinçage des restes de plantes qui jonchent le sol desséché, tels que feuilles, etc., acidifie fortement l'eau de pluie douce, lors de son parcours en direction des ruisseaux et rivières, et lui donne sa coloration caractéristique. Ces légères variations physico-chimiques déclenchent la reproduction de beaucoup d'espèces. En outre, la montée des eaux en de nombreux endroits provoque la prolifération d'animalcules servant de nourriture aux alevins, et ce, malgré la nette acidification du milieu aquatique. Environ 2 ou 3 mois plus tard, comme le montrent mes recherches en janvier, on peut observer de très nombreux jeunes à moitié développés croissant à l'abri de la végétation dense.

Biotope de *Parosphromenus nagyi* environ 33 km au sud-ouest de Kuantan, sur la Highway 19 vers Segamat.

## ➧ *Parosphromenus ornaticauda*
KOTTELAT, 1991

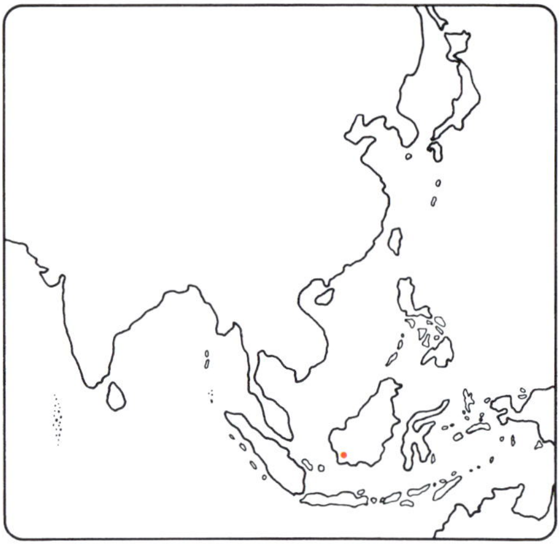

Répartition géographique de *Parosphromenus ornaticauda.*

L'un des plus petits et des plus jolis Gouramis peints fut importé pour la première fois en juin 1990 par le Dr. M. Kottelat. Ces poissons atteignent apparemment une longueur totale de 2,5 cm à l'âge adulte et sont de fait les plus petits représentants du genre. Leur coloration peut vraiment être dépeinte comme magnifique. Déjà 2 mois plus tard, nous parvenaient d'autres exemplaires, alors même que les premières progénitures commençaient à nager librement. Ce sont des constructeurs de nids de bulles, qui préfèrent de petites cavités pour leur reproduction. Comme première nourriture, les jeunes prennent sans problèmes les *Artemia salina* fraîchement écloses.

Cette espèce est originaire de la région de Kapuas, dans le secteur entre Sungai Penjuh et Anjungan, au nord-ouest de Pontianak, dans l'ouest de Kalimantan (Kalimantan Barat). Notre lieu de capture se trouve 8 km au sud-ouest d'Anjungan, sur la route qui relie Pontianak à Sanggau. Il consistait en un ruisseau à eau noire très douce, très acide (pH 4,5) et presque stagnante. La conductivité était de 39µS/cm à 27,6 °C. Les poissons furent capturés dans les entrelacs denses de plantes des berges. L'espèce y côtoyait entre autres *Betta sp.* de Mandor, *Betta rutilans*, et, ce qui était particulièrement remarquable, une deuxième espèce de *Parosphromenus*, dans un biotope proche, quelques kilomètres seulement plus à l'est.

*Parosphromenus ornaticauda*

## Parosphromenus paludicola
TWEEDIE, 1952

Cette autre très petite espèce du genre *Parosphromenus* atteint tout juste 3 cm. On ne sait rien de la distinction des sexes. Cette espèce n'avait encore jamais été importée vivante jusqu'ici. J'ai réussi à en pêcher environ 15 exemplaires au cours d'un voyage en 1979 et à les ramener pour la première fois en Allemagne.

## Milieu naturel
Ces poissons ont été trouvés dans le nord de la côte est de la péninsule malaise. Ils hantent la région de Trengganu, dans le réseau du fleuve Sungai Trengganu, près des localités de Kuala Brang et de Kampong Merchang, dans de petits cours d'eau des environs de la forêt marécageuse. Ces petits cours d'eau forestiers, qui traversent des champs cultivés, ne sont guère exposés au soleil du fait des pousses végétales denses et des hautes broussailles. Les poissons représentés ici furent pêchés dans un ruisseau près de la localité de Kuala Brang. L'eau était légèrement courante et avait une température de 26 °C. Les duretés totale et carbonatée se situaient sous 2° fr. La conductivité s'élevait à 6µS/cm, mesuré à 26 °C, le pH à 5,5. L'eau était très transparente et légèrement brunâtre. De forts dépôts de fer floconneux se formaient parmi les plantes et sur les rives. La profondeur de l'eau atteignait 50 cm. *Paros-*

**Répartition géographique de *Parosphromenus paludicola.***

*Parosphromenus paludicola*

*phromenus paludicola* s'y trouvait généralement à proximité des rives abritées, parfois à 5 cm de profondeur seulement. La largeur moyenne du ruisseau était de 2 m.

## Maintenance

Cette espèce, comme les deux autres, étant très délicate et de petite taille, on ne doit la tenir que dans des bacs permettant une surveillance précise de son état et de son comportement. De même, une eau douce, faiblement minéralisée et acide est nécessaire. Cette espèce s'adressant également au pur amateur de poissons, on renoncera au sol pour faciliter l'observation et pour une meilleure hygiène du bac. La décoration comportera de petites cavités, telles que celles utilisées pour la maintenance de *Parosphromenus deissneri,* ainsi que quelques plantes telles que *Microsorium pteropus,* la fougère de Java. Il est nécessaire d'effectuer un changement partiel de l'eau, tous les cinq à sept jours. L'eau de remplacement doit présenter les mêmes caractéristiques et être filtrée sur tourbe. Bien que ces poissons donnent une impression de robustesse, ces recommandations doivent être observées. Seul le temps permettra de savoir si ces anabantoïdes sont tolérants sur leurs soins.

## Reproduction

La reproduction de cette espèce est semblable à celle de *P. deissneri.* Les jeunes grandissent très lentement.

Petit cours d'eau de la forêt vierge près de Kuala Brang, en Malaisie de l'Ouest, biotope de *Parosphromenus paludicola.*

## Parosphromenus parvulus
VIERKE, 1979

La longueur maximale de cette nouvelle espèce, connue depuis peu et encore rarement observée, est de 30 mm. *P. parvulus* se distingue des autres espèces du genre par un plus faible nombre de rayons épineux dans la nageoire anale, par une nageoire dorsale plus étroite et par un patron de coloration entièrement pâle.

### Milieu naturel

Les spécimens ayant servi à la première description provenaient du système du fleuve Mentaya, 250 km au nord-ouest de Banjarmasin, dans le sud de Bornéo. Quatre poissons de cette espèce y furent capturés par Mme E. Korthaus et Dr. W. Foersch, qui écrivent : « Nous avons capturé ce nouvel anabantoïde dans un petit ruisseau à courant lent, couleur de cola, mais transparent. »

La température de l'eau, mesurée le matin à 8h00, était de 24 °C. Les duretés totale et carbonatée ne furent pas mesurées. Le pH se situait en dessous de 4,8. L'eau avait une conductivité de 75µS/cm à 24 °C. Les poissons se tenaient dans une touffe de plantes de la rive d'un demi-mètre de large, et leur capture fut très difficile.

Répartition géographique de *Parosphromenus parvulus.*

### Maintenance

On n'utilisera pour la maintenance que de petits aquariums, jusqu'à 50 cm de long, qui, dépourvus de sol, seront maintenus très propres. Quelques plantes telles que *Microsorium pteropus* seront présentes. Les valeurs physico-chimiques de l'eau seront très basses, TH et THCa inférieurs à 5° fr., pH d'environ 5 à 5,5.

*Parosphromenus parvulus*

# Parosphromenus sp. aff. parvulus

de Palangkaraya

J'ai, par le passé, erronément désigné cette petite espèce de Gourami peint sous le nom de *P. parvulus*, qui est en réalité une espèce distincte. Jürgen Knüppel et moi-même avons repéré ces petits gouramis d'environ 2,5 cm de long pour la première fois en 1988, au nord de Palangkaraya, environ 180 km au nord-ouest de Banjarmasin dans le centre de Kalimantan (Kalimantan Tengah). Nous les avons également découverts environ 100 km plus loin vers l'est, dans la localité connue jusqu'ici pour *P. parvulus*, ce qui représente un éloignement considérable pour ce petit bélontiidé. Ces poissons ont été capturés entre les massifs végétaux denses des rives, en eau peu profonde, dans un cours d'eau noire situé environ 27 km au nord-ouest de la ville de Palangkaraya, sur la route vers Kasungan. Nous les avons découverts en compagnie de nombreux autres bélontiidés, parmi lesquels *Sphaerichthys acrostoma* et *Betta edithae*. L'eau fortement teintée de brun était très douce et, avec un pH de 4,1, très acide. La conductivité était de 24µS/cm

**Répartition géographique de *Parosphromenus sp. aff. parvulus*.**

à une température de 28,2 °C sur les rives peu profondes. J'ai déjà obtenu des succès dans la reproduction de *Parosphromenus sp. aff. parvulus*, quoique très mitigés. L'espèce est un constructeur de nids de bulles, qui préfère pour ce faire les petites cavités. Pour la reproduction et l'élevage, il est indispensable de reconstituer la qualité de l'eau de son milieu d'origine.

*Parosphromenus sp. aff. parvulus*

## ➧ ***Parosphromenus sp.***
de Sukamara

Encore une autre espèce de gourami peint proche de *Parosphromenus deissneri*, que nous avons découverte en 1990 dans le sud-ouest de Kalimantan. Ces poissons, très joliment colorés pour le sexe mâle, atteignent 3 cm de long. Fait très intéressant, ils vivent dans le même biotope que *Parosphromenus linkei* et à côté de nombreuses autres espèces. Le biotope est un marécage densément planté, environ 2 km au nord de Sukamara, en direction de Pudukuali. L'eau y est noire et rapide par endroits. Une petite passerelle en bois constitue le seul chemin de liaison vers le nord. Traversant le marécage, elle permet d'effectuer d'intéressantes observations. L'eau était fortement teintée de brun sombre. TH et THCa se situaient en dessous de 2° fr. La conductivité était de 9µS/cm pour une température de 24 °C. Les mesures furent effectuées le matin après d'abondantes chutes de pluies. *P. sp.* de Sukamara était très abondant à cet endroit et pouvait être observé surtout en eau peu profonde, sur les rives densément plantées.

**Répartition géographique de *Parosphromenus sp.* de Sukamara.**

*Parosphromenus sp.* de Sukamara

## Pseudosphromenus cupanus
(CUVIER & VALENCIENNES, 1831)

Egalement connue sous le nom de Macropode à queue pointue, cette petite espèce vit dans le nord-ouest de l'île de Sri Lanka. Ce poisson est encore souvent désigné sous le nom scientifique incorrect de *Macropodus cupanus cupanus*. Il atteint une longueur totale de 6 cm et est très pacifique, un peu timide. Pour la distinction des sexes, on remarquera les nageoires dorsale et caudale terminées en pointe et un peu plus allongées des mâles.

*Pseudosphromenus cupanus*

Ces critères sont souvent insuffisants, car ils ne sont présentés que par les poissons matures. En outre, la femelle n'a pas toujours une nageoire caudale arrondie, mais peut l'avoir terminée en pointe, comme le mâle. Au cours de la pariade, le dimorphisme sexuel est facile à distinguer : les mâles sont plus colorés et leur corps est plus clair, alors que les femelles sont au contraire très sombres, presque noires.

## Milieu naturel

L'aire de répartition comprend le sud-est de l'Inde, avec la plaine côtière qui longe la côte du Coromandel, ainsi que la partie ouest de la côte du Malabar et le nord-ouest de l'île de Sri Lanka. Le biotope est constitué de petits cours d'eau à courant léger, parfois de canaux de rizières et de retenues d'eau, ainsi que de petites rivières dans la forêt vierge.

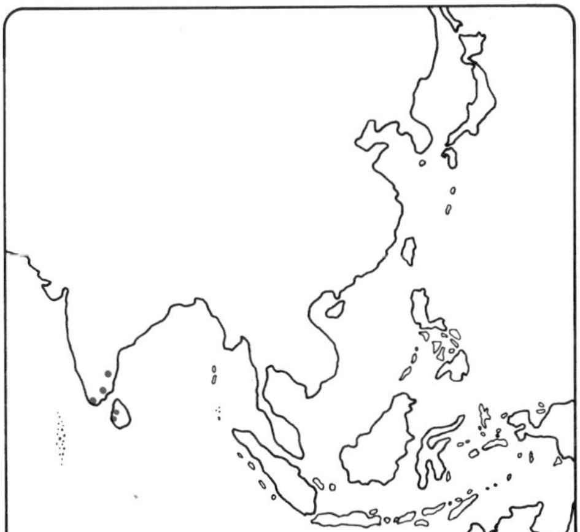

Répartition géographique de *Pseudosphromenus cupanus.*

## Maintenance

La maintenance de ce macropode à queue pointue est facile, cette espèce étant très accommodante. De très petits aquariums, du type « petit aquarium pour anabantoïdes », conviennent parfaitement. Pour leur agencement, on installera systématiquement de petites cavités ou des demi-noix de coco, ainsi qu'une plantation dense par endroits. Le sol sera composé de gravier d'un diamètre de 3 mm et une paire de *Ceratopteris pteridoides* en surface compléteront le tableau. Un léger mouvement de l'eau, assuré par le filtre intérieur Tetra Brillant, sera bénéfique. La température de l'eau se situera autour de 25 °C et l'éclairement sera moyen (0,5 W par litre).

## Reproduction

La reproduction de cette espèce n'est pas difficile à obtenir. Un aquarium de 50 cm de long, 30 cm de large et 30 cm de haut suffira. Le niveau de l'eau ne devra pas se situer au-dessus de 20 cm. On y fixera des racines de tourbière, et on y placera des pots à fleurs fendus légèrement inclinés ou des pierres, qui permettront la construction du nid de bulles. Quelques groupes de plantes à tiges érigées telles que *Hygrophila corymbosa*, un sol fin et une température de 28 °C seront en outre nécessaires pour la reproduction. L'éclairement de l'aquarium de reproduction, qui sera situé dans un endroit calme, devra être modéré. Les manipulations inutiles dérangent les poissons et les rendent farouches. Les aquariums installés depuis longtemps, « biologiquement propres » et dans lesquels des algues vertes se sont établies, seront préférés par ces poissons pour la reproduction.

Le mâle construit un petit nid de bulles compact dans une cavité ou sous une racine, sous lequel les deux conjoints fraient en s'enlaçant. Chaque phase de ponte dure 12 secondes, à la suite de quoi le mâle quitte la torpeur qui suit l'étreinte et entreprend de rassembler les œufs en train de couler. Quelques secondes plus tard, la femelle s'active également et participe à la collecte des œufs, qui seront placés dans le nid de bulles. Les premières phases de ponte ne produisent que 2 à 4 œufs, leur nombre grossit par la suite jusqu'à être de 12 à 20. Leur diamètre est d'environ 1,2 mm, leur forme est ovale et leur couleur jaune. Le frai s'achève au bout de 4 heures, puis le mâle prend en charge les soins à la ponte, au cours desquels il ne manifeste pas d'agressivité envers la femelle. Celle-ci est, certes, écartée des abords du nid, mais tolérée à proximité, y compris dans le champ visuel. Après environ 48 heures à une température de 27 °C, les embryons éclosent et restent fixés au nid, tels de petits points blancs prolongés d'une queue transparente. La pigmentation des yeux est déjà nettement visible. 24 heures plus tard, elle forme des dessins plus apparents, la forme des petits poissons est déjà distincte et le sac vitellin très réduit. Encore 24 heures plus tard, donc 4 jours après la ponte, le développement des alevins est achevé. On aperçoit distinctement les yeux et un patron cryptique de points sur le corps. Le sac vitellin est résorbé, et quelques heures plus tard, les alevins nagent librement.

Les parents ne pourchassent pas leurs rejetons, de sorte qu'il est possible que quelques alevins isolés grandissent sans soins particuliers, lorsqu'il n'y a pas d'autres poissons dans l'aquarium.

*Pseudosphromenus cupanus* ne fait malheureusement pas partie des anabantoïdes les plus colorés. Dans les bacs de vente, il est le plus souvent gris et terne. Seule une maintenance adéquate dévoilera la beauté et le comportement intéressant de cette espèce.

Phases de la ponte de *Pseudosphromenus cupanus*. Le petit nid de bulles compact est construit dans une cavité ou sous une racine.

## Pseudosphromenus dayi
(KÖHLER, 1909)

Encore connu sous le nom de Macropode rouge à queue pointue, ce poisson est très attrayant même à l'état juvénile. Il atteint une taille de 7 cm, les femelles restant un peu plus petites. Les mâles présentent des nageoires dorsale et anale terminées en pointe, et les rayons médians de la nageoire caudale sont particulièrement allongés.

*Pseudosphromenus dayi*

## Milieu naturel

Ces poissons sont originaires de la plaine côtière du Coromandel dans le sud-est de l'Inde, ainsi que de la région côtière de l'ouest de la Malaisie. Ces localités sont toutefois controversées à l'heure actuelle, aucune récolte n'en ayant été confirmée.

Répartition géographique de *Pseudosphromenus dayi.*

## Maintenance

Cette espèce paisible ne pose pas de problèmes, et peut parfaitement être mise en communauté avec d'autres petits poissons. Toutefois, leur aquarium ne doit pas être trop petit. Les dimensions adéquates en sont 70 cm de long et 30 cm de largeur et de hauteur. Outre quelques grottes et racines de tourbière, il comportera impérativement divers groupes de plantes à tiges érigées, parmi lesquelles *Hygrophila difformis,* encore connue sous le nom de *Synnema triflorum, Hygrophila corymbosa,* ou encore *Vallisneria spiralis,* ainsi que quelques plantes flottantes, telles que *Ceratopteris pteridoides* et *Pistia stratiotes.* La température de l'eau se situera autour de 26 °C. L'aquarium doit être normalement éclairé, à raison de 0,5 W par litre de contenance. Le «petit aquarium pour anabantoïdes», mais aussi le «grand», conviennent pour la maintenance de *Pseudosphromenus dayi,* qui accepte volontiers diverses nourritures en flocons.

## Reproduction

L'aquarium de reproduction peut être agencé comme pour la maintenance normale. La température doit être portée à 30 °C. Cette espèce construit souvent son nid de bulles compact sous des cavités, mais aussi en surface sous des plantes flottantes ou même dans des coins nus. Les couples se forment le plus souvent harmonieusement, et il est très rare que les femelles soient blessées. Celles-ci participent souvent aux soins à la ponte. *P. dayi* s'avère donc un anabantoïde intéressant à tous égards.

*Pseudosphromenus dayi* pendant l'étreinte, sous le nid de bulles.

Avec le genre *Sphaerichthys*, nous abordons les gouramis chocolat, dont la maintenance pose encore des problèmes. La découverte de nouvelles variétés est récente.

## ➧ *Sphaerichthys acrostoma*

VIERKE, 1979

Le Gourami chocolat à museau pointu

Cette nouvelle espèce atteint environ 6 cm, et est donc plus grande que les autres représentants du genre. La coloration du corps est d'un brun nettement plus pâle. Les nageoires dorsale, caudale et anale sont délicatement liserées de bleu clair. Comparé aux autres gouramis chocolat, *S. acrostoma* se caractérise essentiellement par sa tête nettement plus pointue et sa morphologie plus élancée.

Répartition géographique de *Sphaerichthys acrostoma.*

## *Milieu naturel*

Cette nouvelle espèce est originaire du sud de Bornéo. Les exemplaires furent pêchés au cours d'un voyage par Mme E. Korthaus et les époux Foersch dans le système du fleuve Mentaya, 250 km au nord de Banjarmasin.

*Sphaerichthys acrostoma*

J'ai pu personnellement explorer le milieu naturel de cette espèce jusqu'ici très rare, presque inconnue. Notre aire de pêche se trouvait environ 150 km au nord-ouest de la ville de Banjarmasin, dans la région de Palangkaraya, dans le centre de Kalimantan. De là part une route vers le nord en direction de Kasungan. La ville est environnée de forêt pluvieuse, dont de grandes étendues sont défrichées et remplacées par des marécages. Des cours d'eau petits et grands croisaient notre route. Environ 27 kilomètres au nord de Palangkaraya, près de 3 kilomètres avant la localité de Tangkiling, les eaux provenant des marécages s'assemblent en un cours d'eau courante transparente, teintée de brun sombre. Le pH s'élevait à 4,2 et la conductivité à 20µS/cm à 28 °C. Le fond comportait par endroits de grandes pierres et un fin sable blanc. Les plantes aquatiques et palustres n'étaient pas fermement ancrées. Seules les lagunes peu profondes, presque entièrement recouvertes par des bancs de sable, étaient densément garnies de plantes herbacées et offraient à de nombreux petits poissons le gîte et le couvert. Dans ces denses entrelacs de plantes, nous avons trouvé, outre de nombreux autres poissons, trois anabantoïdes très rares. Le premier était la sous-espèce, ici très abondante, du gourami chocolat, *Sphaerichthys osphromenoides selatanensis,* le deuxième une petite espèce du genre *Parosphromenus,* vraisemblablement endémique. Rare au contraire était la troisième espèce, *Sphaerichthys acrostoma,* dont nous n'avons pu capturer que sept exemplaires, d'environ 3 cm de long, malgré d'intenses efforts de pêche. Leur maintenance dans les aquariums locaux fut aisée au début. Le respect des caractéristiques de l'eau, telles qu'elles sont relevées en milieu naturel, autrement dit une eau douce d'un pH entre 4,5 et 5, facilite grandement la maintenance. L'important est de conserver à l'eau une qualité constante, par des renouvellements réguliers et une filtration adaptée. La décoration sera constituée d'un grand groupe de fougères de Java et de quelques racines de tourbière, qui permettent aux poissons de se dissimuler et atténuent leur caractère craintif. Toutes les espèces de *Sphaerichthys* peuvent être tenues avec ces dispositions et se reproduisent sans difficultés. Les sexes de *Sphaerichthys acrostoma* sont faciles à distinguer à l'âge adulte. Le mâle se reconnaît distinctement à sa strie longitudinale rougeâtre derrière l'œil et à sa nageoire dorsale plus pointue. L'accouplement survient à la suite d'une parade, au cours de laquelle le mâle est très actif. Quelques jours plus tôt déjà, les poissons se tiennent souvent ensemble. A l'inverse de *Sphaerichthys osphromenoides* et de sa sous-espèce *selatanensis,* chez lesquels la femelle incube les jeunes dans sa bouche, c'est le mâle qui s'en charge chez *Sphaerichthys acrostoma.* Après la ponte, la membrane gulaire largement dilatée, il se tient le plus souvent caché entre les plantes et remue le frai par de légers mouvements masticatoires, espacés en grands intervalles. 15 jours plus tard, à une température moyenne de 27 °C, le mâle recrache une quarantaine de petits, répartis sur la journée. Ceux-ci, de couleur sombre, prennent immédiatement les *Artemia salina* fraîchement écloses, malgré la petitesse de leur bouche. Curieusement, les jeunes *Sphaerichthys acrostoma,* comparés aux *Sphaerichthys osphromenoides,* ont une croissance rapide. Déjà trois semaines plus tard, ils peuvent avoir une longueur de 13 à 15 mm et présentent nettement leur morphologie élevée caractéristique. La robe change également : la partie antérieure du poisson se teinte de brun clair, alors que l'arrière devient très sombre, presque noir. La nageoire caudale reste définitivement incolore et sans dessin. A l'âge de deux mois, ils atteignent déjà 3,5 cm de long en moyenne et sont insatiables.

Les poissons sont adultes un an plus tard, à la taille de 7,5 cm de longueur totale. Les femelles restent légèrement plus petites. Les représentants des deux sexes ont des nageoires très pointues, mais les mâles se distinguent par une bande longitudinale sombre bordée de clair au milieu du corps. A l'instant où sont écrites ces lignes, les descendants de la première génération (F1) se sont reproduits avec succès et ont produit environ 35 petits.

Des hauteurs de Conrad, près de Berlin, le grand pionnier de l'aquariophilie J. Reichelt décrivait déjà ses tentatives infructueuses avec le Gourami chocolat, rapporté de Singapour et de Sumatra, alors considéré comme vivipare et désigné par *Osphromenus malayanus*. Il ne savait pas encore qu'il apportait à l'aquariophilie un poisson à problèmes, dont la maintenance impeccable pose encore, 70 ans après, de nombreuses difficultés. Aujourd'hui, nous savons qu'il s'agit du Gourami chocolat.

## ➧ *Sphaerichthys osphromenoides osphromenoides*

(CANESTRINI, 1860)

Cette espèce est adulte à une longueur totale de 5 cm. La distinction des sexes ne pose pas de problèmes. Les individus mâles présentent un vif liseré clair sur les nageoires dorsale et anale. Les bordures supérieure et inférieure de la nageoire caudale sont également claires. La nageoire dorsale est pointue chez les mâles, arrondie chez les femelles.

## *Milieu naturel*

Cette espèce provient de Malaisie, Singapour et Sumatra, bien que l'état insulaire de Singapour ait, hélas, profondément modifié sa faune et sa flore par son développement industriel. L'exploitation économique des régions restantes est tel qu'il est douteux qu'il subsiste aujourd'hui un habitat naturel

*Sphaerichthys osphromenoides osphromenoides*

pour cette espèce. Dans l'ensemble, on trouve le Gourami chocolat dans de petits cours d'eau lents densément plantés, à eau très douce, faiblement minéralisée et acide. Les premières informations de J. Reichelt en 1906 sur une forte teneur en sels de l'eau sont aujourd'hui désuètes du fait des nouvelles connaissances sur l'habitat et les soins requis.

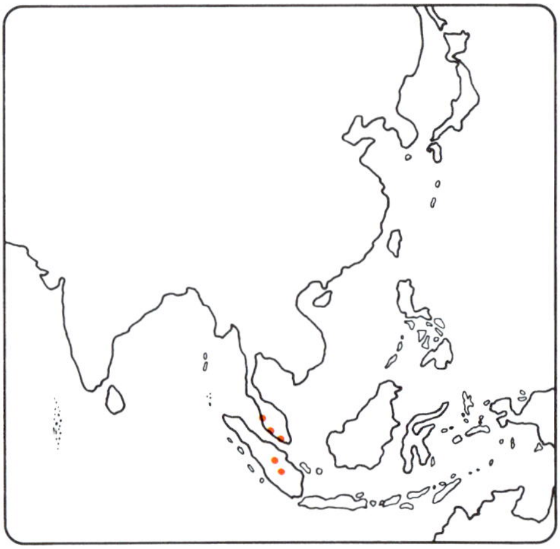

**Répartition géographique de *Sphaerichthys osphromenoides osphromenoides.***

Voici ce qu'écrivait Reichelt à l'époque : « Je me trouvais pour la troisième fois à Sumatra, au mois de juillet. J'y pêchai cette espèce dans des canaux et des marais, à environ six à dix milles de la côte. Il ne me vint jamais à la réflexion que l'eau pouvait y être encore un peu salée. L'eau de ces canaux est aussi sombre que du café noir, et même après plusieurs filtrations, présente encore la couleur d'une bière claire. Même les indigènes filtrent toute leur eau à boire, elle est alors aussi sombre qu'une bière bavaroise. Bref, je ne devinai pas que l'eau pouvait être salée ici, et même les indigènes, Malais et Chinois, la tiennent pour purement douce. »

## Maintenance

Certaines dispositions importantes doivent être prises pour la maintenance. Les aquariums ne doivent pas être trop petits, de façon à assurer une bonne « stabilité » de l'eau. Des bacs de 80 cm de long par 40 cm de haut doivent être bien plantés. Ces poissons ne seront tenus qu'entre eux ou avec de petites et très calmes espèces.

Les valeurs de l'eau doivent être aussi basses que possible, avec des duretés totale et carbonatée de 3,5 – 5° fr. ainsi qu'un pH de 5,5 à 6. Si l'eau de base est trop dure, ces valeurs peuvent être atteintes par une déminéralisation sur résines échangeuses d'ions. On peut en trouver le dispositif dans un magasin spécialisé. Si l'eau du robinet est douce ou mi-dure, une filtration sur tourbe active suffira. Environ deux paquets de tourbe active seront utilisés pour 100 litres d'eau et pour atteindre des duretés totale et carbonatée de 18° fr. La filtration sur tourbe sera assurée en permanence, de façon à stabiliser les valeurs de l'eau. Les produits actifs que contient la tourbe seront bénéfiques.

La légère couleur brune de l'eau du biotope naturel n'est pas, comme l'écrivait Reichelt, « aussi sombre que du café noir », mais plutôt de la « couleur d'une bière claire ».

La température de l'eau doit se situer autour de 28 °C, atteignant 30 °C par moments. Vu cette température élevée et la déminéralisation de l'eau, le choix des plantes est important, toutes ne supportant pas ces valeurs extrêmes. Ainsi, *Rotala macrandra, Alternanthera sessilis, Hygrophila polysperma, Cryptocoryne walkeri* et *Cryptocoryne petchii* conviendront parfaitement. Pour favoriser la croissance des plantes, on effectuera des apports de substances nutritives à l'aide de Tetra Crypto. Celui-ci contient une combinaison d'ions standards, associés à un nouveau type de chélates, qui fournissent à l'eau les substances nutritives nécessaires à la croissance des plantes. Or, une plantation saine signifie également une eau saine, indispensable à la maintenance des Gouramis chocolat. On placera les plantes en groupes décoratifs, celles à tiges érigées à l'arrière, et les *Cryptocoryne*, plus basses, à l'avant-plan. Le reste de la décoration sera assuré par une ou deux racines de tourbière.

Le fond de l'aquarium, qui sera situé à un emplacement calme, sera sombre. L'intensité d'éclairement normale, qui est de 0,5 W par litre, devra être modifiée, car la coloration brunâtre de l'eau, due à la filtration sur tourbe, absorbe beaucoup de lumière. Un éclairement de 1 W par litre sera donc nécessaire pour la croissance des plantes. Pour le fond, on utilisera ici une granulométrie de 3 mm. L'aquarium sera correctement couvert, de façon à ce que la couche d'air au-dessus de la surface de l'eau ne se rafraîchisse pas.

## Reproduction

Un aquarium agencé tel qu'il a été décrit ci-dessus convient aussi pour la reproduction qui, malheureusement, ne réussit que rarement. J. Reichelt écrit en 1906, encore en parlant de ses gouramis «vivipares»: «En règle générale, toutes les femelles gourami agonisantes produisaient 25 à 40 jeunes avant de mourir. Ceux-ci ressemblaient toujours aux adultes, et étaient donc de la même couleur». Aujourd'hui, nous savons qu'il ne s'agit pas de poissons vivipares, mais d'incubateurs buccaux. Les poissons qui entraient dans le filet de J. Reichelt portaient déjà des œufs fécondés ou des larves.

Pour espérer réussir la reproduction, on doit tenir ensemble environ 20 exemplaires et les amener à une grande taille au moyen de nourritures variées.

*Sphaerichthys o. osphromenoides* n'étant pas un constructeur de nid de bulles, les pariades, nageoires étalées et flanc contre flanc, et le frai, ont lieu à proximité du fond, le plus souvent entre les plantes, dans un coin tranquille de l'aquarium. Nous devons à Hans-Joachim Richter une bonne description en 1972, bien illustrée en photographies, du processus de ponte. Celui-ci écrit: «L'acte de ponte proprement dit se reconnaît au fait que le mâle commence à trembler de tout son corps, après quoi il s'enlace autour du corps recourbé de la femelle. L'émission du frai suit de près. Celui-ci comporte généralement quelque 80 œufs, qui sont expulsés subitement. A présent, les deux poissons nagent quasiment flanc contre flanc, et la femelle commence à rassembler les œufs après quelques secondes. Le sac gulaire contenant les œufs est nettement dilaté. La femelle s'éloigne vers un emplacement plutôt sombre du bac, où elle se terre loin de la surface.»

Ces essais ne furent malheureusement pas couronnés de succès car, comme l'écrit Richter, les œufs avaient disparu trois jours plus tard et la femelle mangeait à nouveau normalement.

Fort heureusement, je pus, par la suite, observer ce processus, suivi, à plusieurs reprises, par la réussite de l'incubation buccale. La femelle lâche les jeunes environ 19 jours plus tard à une température de 27 °C. Ceux-ci ont alors une longueur totale de 6,7 mm en moyenne, mesures qui furent prises sur de nombreux alevins. Les extrêmes allaient de 6,5 à 6,9. Le sac vitellin n'était pas apparent. Les jeunes montraient déjà une coloration très semblable à celle des parents. Ils étaient brun chocolat partiellement moucheté de rouge sombre. Un anneau clair, de presque incolore à jaune pâle, transparaissait au milieu du corps. Les nageoires dorsale et anale étaient également déjà fortement colorées de brun. Les alevins avaient une petite bouche par rapport à leur taille. Malgré cela, ils prirent immédiatement et sans difficultés les nauplies d'*Artemia salina* fraîchement éclos, qui constituèrent leur première nourriture. En présence d'une alimentation fréquente et d'une eau de qualité, la croissance des jeunes est bonne. Ainsi, ils peuvent atteindre 15 mm de long dès trois semaines. Leur corps est déjà nettement plus haut, et leur aspect est presque celui des adultes. Le développement des jeunes réussit en eau très propre, d'une conductivité moyenne de 60 à 95 µS/cm et d'un pH entre 5 et 6,3. La température de l'eau sera généralement comprise entre 27 et 28 °C, des températures élevées n'étant, à mon avis, pas nécessaires.

## Sphaerichthys osphromenoides selatanensis

VIERKE, 1979

Cette nouvelle forme a récemment été décrite comme sous-espèce du Gourami chocolat. Elle se distingue de ce dernier par un plus petit nombre de rayons épineux dans les nageoires dorsale et anale, ainsi que par la forme et la taille des sous-opercules. La tête est globalement légèrement plus petite et les yeux sont comparativement plus gros. Les différences de coloration — qui sont précisées dans la première description — sont la présence d'une bande longitudinale claire, ainsi qu'une bande transversale claire supplémentaire. Celle-ci débute à la partie antérieure de la nageoire dorsale et s'achève derrière les pelviennes. Au premier abord, la couleur de ce poisson rappelle la robe d'effroi du Gourami chocolat.

La longueur totale donnée pour cette nouvelle sous-espèce atteint tout juste 5 cm.

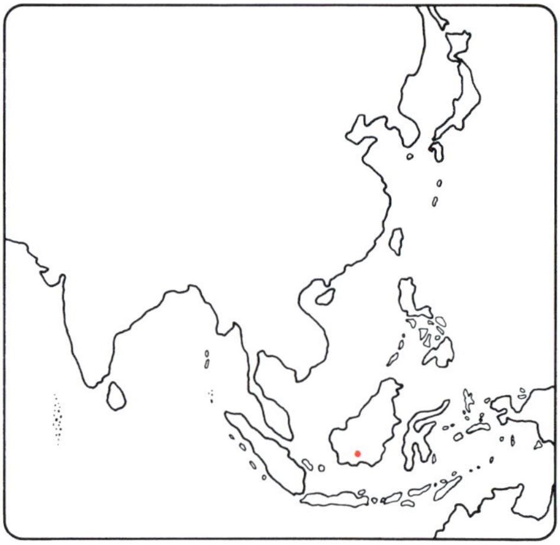

Répartition géographique de *Sphaerichthys osphromenoides selatanensis.*

### Milieu naturel

Cette espèce est originaire des environs immédiats de Banjarmasin dans le sud-est de Bornéo. La maintenance nécessite les mêmes dispositions que celle de *Sphaerichthys o. osphromenoides.* Comme chez ce dernier, ce sont les femelles qui incubent les œufs.

*Sphaerichthys osphromenoides selatanensis*

Le genre *Trichogaster* comporte de grands et très paisibles gouramis, faciles à tenir en aquarium et aux couleurs particulièrement belles.

## *Trichogaster leeri*
(BLEEKER, 1861)

Ce poisson, encore connu sous les noms de Gourami mosaïque ou Gourami perlé, atteint environ 12 cm de long. Les mâles développent une couleur rouge vif sur les opercules, la poitrine et le ventre. De même, les nageoires pelviennes filamenteuses et la moitié antérieure de la nageoire anale sont rouges. En outre, le mâle présente une nageoire dorsale pointue, moins longue et légèrement arrondie chez la femelle. La couleur rouge est par ailleurs absente chez celle-ci. La distinction des sexes n'est malheureusement possible qu'à partir de 8 cm de longueur totale, les poissons ne développant leurs caractères sexuels que vers l'âge de 7 mois.

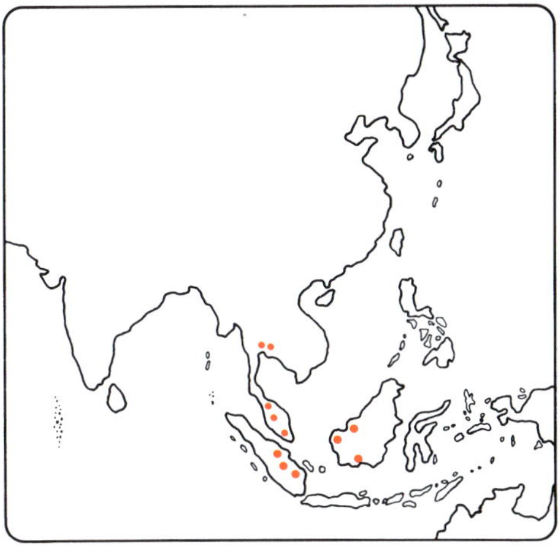

Répartition géographique de *Trichogaster leeri.*

*Trichogaster leeri*

## *Milieu naturel*

Cette espèce est originaire de Thaïlande, Malaisie, Sumatra et Bornéo, encore que la Thaïlande semble très douteuse. Malgré mes efforts répétés, je n'ai pu y trouver ces poissons. En Malaisie également, leur présence n'est pas fréquente. Ils vivent dans des cours d'eau à courant lent par endroits, d'environ 30 cm de profondeur et à eau claire, douce et acide. Ces cours d'eau étant généralement situés en forêt, ils sont souvent dans la pénombre.

## *Maintenance*

Pour la maintenance de cette espèce, on doit lui octroyer un aquarium de grande taille. Le bac aura au minimum 130 cm de long, 50 cm de large et 50 cm de haut, si possible davantage. Il sera bien planté et pourvu de cachettes, constituées par des racines de tourbière, par des groupes de plantes à croissance haute, telles que *Hygrophila stricta, Hygrophila corymbosa,* et par un buisson d'environ 10 à 15 tiges de *Hydrocotyle leucocephala,* qui, bien que préférant une température de 25 °C, tiendra bien à 27 °C. *Nymphaea lotus,* le lotus tigré, planté dans un emplacement dégagé, formera un beau contraste avec le vert des autres plantes. Ses feuilles flottantes à croissance lente seront utilisées par les poissons comme abri protecteur. Le Gourami mosaïque étant très paisible, souvent même timide, on ne doit pas lui imposer la compagnie de poissons agressifs. De petits cichlidés nains, qui occuperont le fond, ainsi que d'autres anabantoïdes et un banc de petits tétras de 10 à 15 individus, conviendront parfaitement. Mais, surtout, attention aux *Barbus!* Les espèces de ce genre ne conviennent pas toutes au bac d'ensemble, car plusieurs d'entre elles aiment mordiller les pointes des nageoires pectorales filamenteuses de *Trichogaster leeri,* ce qui peut entraîner des lésions irréversibles. La température doit se situer autour de 25 °C et il ne peut qu'être avantageux que l'eau soit douce et légèrement acide. L'aquarium doit être normalement éclairé, soit 0,5 W par litre. Le « grand aquarium pour anabantoïdes » décrit au début du livre est idéal pour la maintenance.

## *Reproduction*

Un grand aquarium de 100 à 130 cm de long est indispensable. La reproduction est possible dans de plus petits aquariums, mais elle présente beaucoup d'inconvénients. Les poissons, mis en couple, sont alors le plus souvent timides, et quand la descendance s'annonce, l'espace disponible est trop petit pour souvent plus de 700 jeunes.

Pour la réussite de la reproduction, les duretés totale et carbonatée ne doivent pas dépasser 7° fr. Si l'on dispose d'une eau de robinet trop dure ou trop minéralisée, ces valeurs peuvent être atteintes à l'aide d'un déminéralisateur sur résine en vente dans le commerce spécialisé.

Ces valeurs peuvent être contrôlées en quelques secondes avec TetraTest TH et TetraTest THCa, ainsi que TetraTest pH. Si l'eau de conduite n'est pas trop dure, c'est-à-dire trop minéralisée, une filtration sur tourbe active fera l'affaire. La coloration brunâtre de l'eau ainsi produite reproduira de très près les conditions naturelles du milieu de ce poisson. La température de l'eau doit être portée à 30 °C. De nombreux groupes de plantes devront pousser jusqu'à la surface, qui sera située à 25 cm de haut. Les espaces demeurant libres seront partiellement comblés à l'aide de plantes flottantes telles que *Ceratopteris pteridoides* ou *Pistia stratiotes.* L'aquarium sera correctement couvert, et l'éclairage sera faible jusqu'à la formation du couple, puis normal.

Un ou deux filtres Tetra Brillant placés dans les coins pourvoiront à une eau claire et par endroits légèrement agitée. Les mâles de *Trichogaster leeri* construisent alors leur nid de bulles entre ou sous les plantes flottantes, et la femelle se tient par conséquent à proximité du courant d'eau, pour se cacher des avances trop fougueuses du mâle.

## *Trichogaster microlepis*
(GÜNTHER, 1861)

Le Gourami lune ou Gourami argenté est un membre très élancé du genre. Cette espèce atteint 15 cm de long et est très pacifique. Le dimorphisme sexuel porte sur la couleur. Les mâles adultes sont entièrement vert argenté. En outre, leur poitrine est rouge tendre et leurs nageoires pelviennes rougeâtres. Leur nageoire dorsale est plus longue et terminée en pointe. Les femelles sont argentées et ont une nageoire dorsale courte et arrondie.

### Milieu naturel

Cette espèce est originaire de Thaïlande et des régions limitrophes de l'Est et du Sud-Est. La présence de ces poissons n'est pas aussi fréquente que celle des autres espèces de *Trichogaster*. On les trouve dans les canaux d'évacuation des eaux usées des villes et des champs, en eaux à courant faible ou stagnantes, en des endroits très plantés et dans des conditions de vie très diverses. On les trouve aussi dans de grands lacs, comme par exemple le lac Ahn Sabadu près de Ampo Sikju, un réservoir de 100 m × 300 et de 2 m de profondeur. Ils s'y trouvent au milieu de massifs d'une espèce d'*Elodea* atteignant 3 m$^2$ et poussant sur un gravier de 2 mm de granulométrie.

Ici vivent, outre *Chanda ranga* et *Betta splendens*, la forme sauvage du combattant, les *Trichogaster microlepis*. Ce lac ayant plusieurs vastes extensions parmi les rizières

*Trichogaster microlepis*

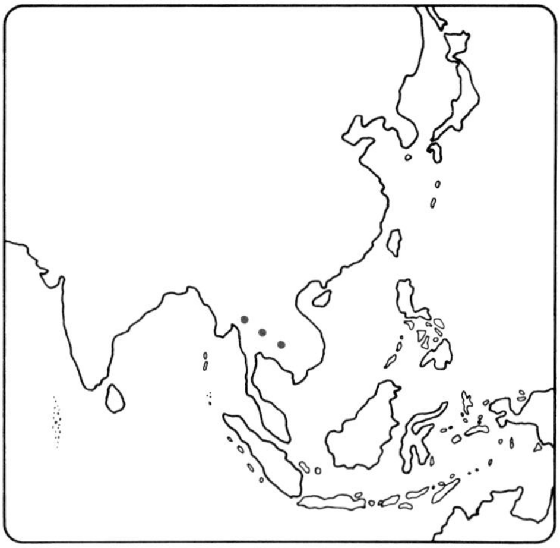

**Répartition géographique de *Trichogaster microlepis.***

Tableau n° 5

| | |
|---|---|
| Localité: | lac Ahn Sabadu près de Ampo Sikju, 46 km avant Nakhon Ratchasima, en direction de la frontière cambodgienne |
| Transparence: | claire |
| Couleur: | sans |
| pH: | 7,3 |
| Dureté totale: | 7 °TH fr. |
| Dureté carbonatée: | 5 °THCa fr. |
| Conductivité: | 120 µS/cm à 27 °C |
| Nitrites: | 0,05 mg/l |
| Profondeur: | jusqu'à 2 m, généralement 60 cm |
| Courant: | absent |
| Température de l'eau: | 27 °C |
| Date du relevé: | 11/11/1977 à 17h30 |

avoisinantes, ces poissons s'y aventurent vraisemblablement, ainsi que parmi leurs canaux.

La
## maintenance
de ces poissons ne pose pas de problèmes. L'aquarium aura une taille minimale de 100 cm de long, 50 de large et 50 de haut, sera placé à un endroit calme et sera richement planté. Cette espèce étant aussi plutôt timide, des poissons calmes et pacifiques lui seront fournis comme compagnons. Cichlidés nains, tétras et autres anabantoïdes conviennent parfaitement pour cette espèce. La température se situera entre 26 et 28 °C. Des plantes flottantes ainsi que des *Nymphaea lotus,* dont les feuilles poussent jusqu'à la surface, feront merveille. Autrement, le «grand aquarium pour anabantoïdes» conviendra pour la maintenance de *Trichogaster microlepis.* Pour cette espèce, comme pour les autres anabantoïdes, on effectuera des changements réguliers de l'eau, d'environ un quart à un tiers tous les 14 jours.

Pour la
## reproduction,
on mettra également un aquarium de taille suffisante à la disposition de cette espèce. D'une taille minimale de 100 cm, il sera agencé comme pour la maintenance normale, *Trichogaster microlepis* pouvant avoir jusqu'à plus de 1000 rejetons. Il sera préférable de tenir l'aquarium de ponte dans la pénombre.

Le mâle construit son nid de bulles à la surface de l'eau. De grande taille, le nid est renforcé à l'aide de plantes aquatiques. Il s'élève souvent en un monticule de 2 cm de haut au-dessus de la surface. A une température de 29 °C, les jeunes nagent près de 4 jours plus tard, et doivent être abondamment nourris. Pour optimiser le résultat, on retire les parents du bac. Tetra Baby Fish Food, nourriture en poudre, couvrira les premiers besoins nutritifs des jeunes. Celle-ci doit être distribuée plusieurs fois par jour en petites quantités, qui doivent être consommées en peu de temps.

## *Trichogaster pectoralis*

(REGAN, 1909)
Gourami marbré

Le Gourami marbré atteint généralement une longueur de 15 cm. Les sexes se reconnaissent facilement à la forme de la nageoire dorsale, qui est arrondie chez les femelles et terminée en pointe chez les mâles. Les bandes transversales sont toujours apparentes, quelles que soient les conditions.

Répartition géographique de *Trichogaster pectoralis.*

## *Milieu naturel*

Cette espèce se trouve en Thaïlande, au Cambodge et en Malaisie. Souvent élevée comme poisson de rapport, son aire de répartition s'est étendue, si bien qu'elle comprend également Ceylan, l'actuel Sri Lanka. A l'intérieur du pays, en plaine et au bord des collines planes, les rizières façonnent le paysage. Ces champs inondés offrent beaucoup d'habitats aux poissons. D'étroits canaux, d'1 m de large et jusqu'à 80 cm de profondeur, pourvoient les champs en eau et

*Trichogaster pectoralis*

Tableau n° 6

| | |
|---|---|
| Localité : | rizière près de Mahawewa, 19 milles au nord de Negombo, Sri Lanka. |
| Transparence : | claire |
| Couleur : | légèrement brunâtre |
| pH : | 5,8 |
| Dureté totale: | 7 °TH fr. |
| Dureté carbonatée: | 11 °THCa fr. |
| Conductivité : | 250 μS/cm à 37 °C |
| Nitrites : | 0,05 mg/l |
| Profondeur : | jusqu'à 5 cm |
| Courant : | nul |
| Température de l'eau : | 37 °C |
| Date du relevé : | 17/3/1975 à 16h30 |

Les bordures des rizières sont souvent l'habitat de *Trichogaster pectoralis.*

forment un système d'irrigation idéal. Dans les rizières, les températures s'élèvent jusqu'à 37 °C du fait de l'ensoleillement intensif.

Lorsque la température s'élève trop, les poissons se retirent dans les bras d'irrigation, légèrement plus frais. Le champ n'a souvent qu'une profondeur de 5 cm. Malgré tout, on peut observer de grandes quantités de poissons, qui, avec près de 15 cm de longueur totale et 5 cm de haut ne peuvent même pas se tenir « debout ». Ils se tiennent parfois sur le flanc, ou sautent sur le sol sableux défoncé en direction d'une autre cavité d'eau.

## Maintenance

Ces poissons ne posent pas de problèmes, mais on ne doit pas les loger dans de trop petits aquariums : seuls ceux de 100 cm minimum peuvent être pris en considération. Le « grand aquarium pour anabantoïdes » est idéal pour cette espèce. Ces poissons n'ont pas d'exigences particulières, y compris en ce qui concerne la qualité de l'eau. La température normale de l'eau doit se situer entre 25 et 28 °C. Cette espèce est paisible et peut bien être mise en compagnie de plus petits poissons.

## Reproduction

Elle n'est possible que dans des aquariums de taille suffisante. On choisira pour ce faire un bac de 130 cm de long, 40 cm de large et 30 cm de haut. Des zones richement plantées sur un gravier de 3 mm de granulométrie, ou encore sans sol avec un éclairement faible et une température d'environ 30 °C, seront la garantie d'une reproduction réussie. On placera l'aquarium de reproduction à un endroit calme, cette espèce étant souvent très timide. Le mâle construit un nid de bulles à la surface. *Trichogaster pectoralis* est très prolifique, et une portée de plus de 1000 petits n'est pas rare. Comme première nourriture, Tetra Baby Fish Food, nourriture en poudre, composée entre autres de verdure et d'algues marines, sera répandu à plusieurs reprises, si possible toutes les deux heures, dans les quantités qu'ils pourront absorber en quelques minutes, afin d'éviter la pollution de l'eau. Une aération au moyen d'un diffuseur en assurera la répartition dans l'eau.

## ➧ *Trichogaster trichopterus trichopterus*

(PALLAS, 1777)
Gourami tacheté

*Trichogaster trichopterus* est une espèce largement répandue dans le monde entier sous forme de nombreuses variétés d'élevage. Elle atteint 15 cm. *T. t. trichopterus* se présente sous un joli patron ponctué d'or sur la nageoire dorsale, ainsi que, partiellement, sur la dorsale et la caudale. Les deux taches sombres, l'une au milieu du corps et l'autre sur le pédoncule caudal ont valu à ce poisson son nom vernaculaire. Les sexes se reconnaissent très facilement. Les femelles développent à l'approche du frai un abdomen rebondi et ont une nageoire dorsale plus courte et arrondie. Celle-ci est longue et pointue chez le mâle.

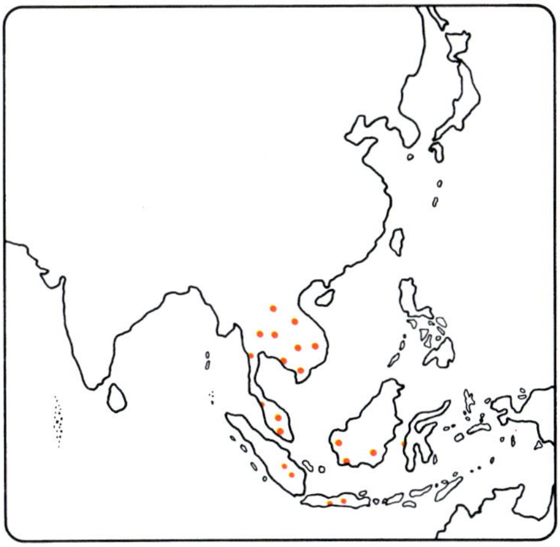

Répartition géographique de *Trichogaster trichopterus trichopterus.*

*Trichogaster trichopterus trichopterus*

Tableau n° 7

| | |
|---|---|
| Localité : | ruisseau forestier près de Kuantan, Malaisie |
| Transparence : | trouble |
| Couleur : | jaunâtre à vaseuse |
| pH : | 5,4 |
| Dureté totale: | moins de 2 °TH fr. |
| Dureté carbonatée: | moins de 2 °THCa fr. |
| Conductivité : | 22 µS/cm à 25 °C |
| Nitrites : | 0,00 mg/l |
| Profondeur : | jusqu'à 60 cm |
| Mouvement de l'eau : | léger |
| Température : | 25 °C |
| Date du relevé : | 19/11/1977 à 12h00 |

Tableau n° 8

| | |
|---|---|
| Localité : | rizière sur le versant ouest de l'île de Penang, Malaisie |
| Transparence : | bonne |
| Couleur : | sans |
| pH : | 6,5 |
| Dureté totale: | moins de 2 °TH fr. |
| Dureté carbonatée: | moins de 2 °THCa fr. |
| Conductivité : | 50 – 100 µS/cm à 33 °C |
| Nitrites : | 0,00 mg/l |
| Profondeur : | 5 cm en moyenne |
| Courant : | nul |
| Température : | 33 °C; 28 °C dans le canal alentour, à 40 cm de profondeur |
| Date du relevé : | 28/11/1977 à 11h00 |

## *Milieu naturel*

La vaste aire de répartition de ce poisson comprend la Thaïlande, le Cambodge, le Viêt-nam, la Malaisie, Sumatra, Singapour, Bornéo et beaucoup d'îles avoisinantes. Ces poissons sont utilisés à des fins alimentaires. On les pêche à l'aide de chaluts dans les canaux d'évacuation de Bangkok ou de filets à main dans de petits cours d'eau près de Kuantan, en Malaisie, dans le sud de la mer de Chine. De même que, chez nous, un consommateur peut choisir ses truites vivantes dans un restaurant, il en est ainsi des Gouramis tachetés dans les restaurants malais. On les présente nageant dans de gros bocaux, pour les servir cuisinés ou rôtis peu de temps après dans l'assiette. Les agriculteurs thaïlandais installent volontiers leur propriété comme un « îlot » au milieu de la rizière. Leur maison et le terrain y attenant s'entourent d'un canal d'évacuation, qui sert aussi bien de protection que de réserve de nourriture, directement devant la porte de la maison. Ces canaux étant refermables, les poissons qui y sont entreposés ne peuvent s'échapper dans les réseaux d'irrigation ramifiés des rizières avoisinantes. On y tient les espèces les plus diverses : outre *Trichogaster trichopterus trichopterus*, *Trichogaster pectoralis* et *Anabas testudineus*, on trouve ici des combattants de la forme sauvage. Ceux-ci sont pêchés vite et bien avant d'être placés dans un bocal, en attente de leur combat. Entre les pousses de plantes aussi

**Nid de bulles entre les plantes palustres, biotope naturel du Gourami tacheté.**

bien émergées qu'immergées, *Trichogaster trichopterus trichopterus* et *T. pectoralis* construisent leurs nids, souvent séparés de quelques centimètres seulement.

L'eau étant le plus souvent vaseuse, je ne pouvais voir les poissons au-delà d'une courte distance. Leurs nids de bulles s'élevaient souvent jusqu'à 3 cm au-dessus de la surface et étaient de 25 cm de long. Leur exposition au soleil est souvent longue. La température de l'eau s'élève alors à 33 °C et la mousse des nids protège manifestement les œufs d'un échauffement excessif. A diverses reprises, l'eau était évacuée des canaux, et les gros poissons étaient rassemblés. Nombres d'entre eux étaient alors étêtés, proprement vidés et placés sur une paillasse en osier pour le séchage au soleil. Ceux-ci étaient essentiellement des Gouramis tachetés. Ils vivent dans des cours d'eau, souvent dans des retenues d'eau petites ou grandes. Ils y préfèrent les denses massifs de plantes aériennes. Leurs exigences sur la qualité de l'eau sont très faibles. La température de l'eau se situait entre 25 et 30 °C.

## Maintenance

La maintenance est bien entendu sans problèmes. Les bonnes dimensions sont une longueur minimale de 100 cm, une largeur et une hauteur de 50 cm.

De petits bacs sont aussi envisageables, mais non recommandés. Le « grand aquarium pour anabantoïdes » est l'idéal. On doit tenir le Gourami tacheté dans un bac particulièrement calme, décoré de massifs de plantes et de racines de tourbière et normalement éclairé, à une température de 25 °C.

## Reproduction

Un aquarium agencé comme ci-dessus convient également pour la reproduction. Cette espèce étant très prolifique, de grands bacs sont préférables. Certes, j'ai déjà vu se reproduire des Gouramis tachetés dans des bacs de 40 cm de long par 30 cm de large, un vrai supplice pour les reproducteurs et leurs rejetons. Les mâles ardents mordent souvent leurs femelles à la nageoire anale, et en l'absence de cachettes, les charges amoureuses des mâles peuvent avoir des suites douloureuses pour leurs compagnes. De même, pour l'élevage des petits, dont le nombre dépasse souvent les 1000, une grande quantité d'eau leur offrira plus de stabilité et un espace de nage supérieur. Le mâle construit son nid de bulles, qui peut atteindre 25 cm de diamètre, parmi les plantes flottantes.

Gouramis tachetés proposés à des fins gastronomiques dans un restaurant en Malaisie.

Pendant la saison sèche, *Trichogaster trichopterus trichopterus* se retire jusque dans ces trous d'eau.

## *Trichogaster trichopterus sumatranus*

LADIGES, 1933

Gourami bleu

Cette sous-espèce de *Trichogaster trichopterus* reste légèrement plus petite et est adulte vers 12 cm. Sa jolie couleur générale bleue à gris-bleu le distingue aisément du Gourami tacheté. Les sexes se distinguent par le fait que les femelles ont un ventre plus rebondi et les mâles une nageoire dorsale terminée en pointe.

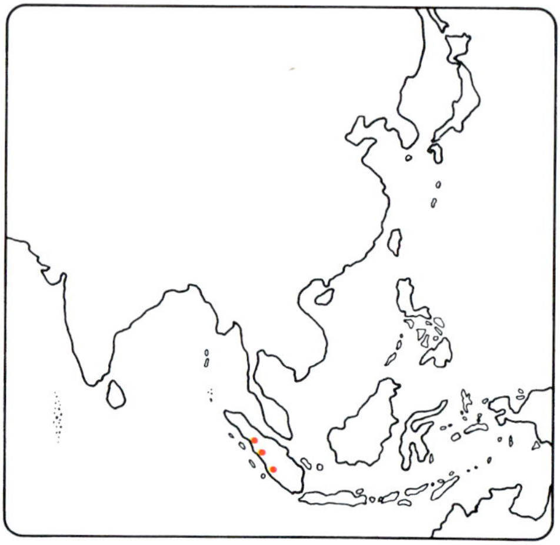

Répartition géographique de *Trichogaster trichopterus sumatranus.*

## *Milieu naturel*

Cette espèce est endémique de l'île de Sumatra.

*Trichogaster trichopterus sumatranus*

## Maintenance

Semblable à celle décrite ci-avant, mis à part que la température doit de préférence être de 27 °C en moyenne. La formule du « grand aquarium pour anabantoïdes » convient bien.

## Reproduction

Son obtention n'est pas difficile. Un contrôle des caractéristiques de l'eau sera utile, cette sous-espèce préférant une eau douce et légèrement acide. Bien que *Trichogaster trichopterus sumatranus* ne soit pas aussi prolifique que l'autre sous-espèce, un grand bac d'élevage sera préférable. La température se situera autour de 30 °C. Le filtre intérieur Tetra Brillant, qui peut également servir de filtre d'appoint, permettra d'obtenir une eau claire et propre, condition essentielle pour une bonne croissance des jeunes.

Ces dernières années ont vu l'apparition de nombreuses formes d'élevage de *Trichogaster trichopterus.* Parmi celles-ci, citons le Gourami « cosby », dont les jeunes présentent un dessin bleu sombre particulièrement beau et contrasté, mais qui s'atténue malheureusement avec l'âge.

Une autre forme sélectionnée est le « Gourami doré », une variante du Gourami tacheté à coloration jaune or très marquée.

La troisième forme a été dénommée « Gourami argenté ». Sa coloration dominante est souvent le vert argenté ou le rougeâtre argenté. Toutes ces formes sélectionnées ont des capacités de résistance nettement amoindries par rapport aux souches d'origine. Ces poissons restent généralement plus petits et plus chétifs, et sont en outre moins prolifiques.

Gourami cosby, forme sélectionnée

Gourami doré, forme sélectionnée

Gourami argenté, forme sélectionnée

## ➧ *Trichopsis pumilus*

(ARNOLD, 1936)
Gourami grogneur nain

Cette espèce, l'un des plus petits représentants du groupe, atteint 4 cm de long et est un pensionnaire très paisible. La distinction des sexes n'est pas toujours facile. Les femelles sont plus pâles et ont généralement une nageoire anale arrondie. Le moyen le plus sûr de distinguer les sexes et de les tenir dans un petit récipient en verre devant une forte source de lumière, les éclairant par transparence. Chez les femelles, on peut alors reconnaître les ovaires, qui forment comme une ombre triangulaire à l'arrière de la cavité abdominale, vers la queue. De nombreux échecs de reproduction sont dus à des « couples » composés de poissons de même sexe.

*Trichopsis pumilus*

## Milieu naturel

*Trichopsis pumilus* habite le Viêt-nam, le Cambodge, l'ouest de la Malaisie et la Thaïlande. J'ai pêché cette espèce le plus souvent dans des retenues d'eau bien plantées, marécageuses et dans d'étroits et peu profonds canaux. Un dense couvert de plantes flottantes ne laissait souvent qu'une petite partie de la surface libre. La température de ces eaux peu profondes atteignait près de 33 °C. La teneur en oxygène était très basse. Les poissons vivaient le plus souvent en compagnie de *Trichogaster t. trichopterus, Trichogaster pectoralis, Trichopsis vittatus* et *Anabas testudineus,* auxquels ils servaient souvent de proies. Le Gourami grogneur nain s'observe généralement en petits groupes de six à dix individus, se mêlant souvent à de petits Gouramis tachetés de 5 cm de long.

Répartition géographique de *Trichopsis pumilus.*

## Maintenance

Un aquarium de 70 cm de long, bien planté, sera suffisant pour la maintenance de ces petits Gouramis grogneurs. Outre les plantes à tiges érigées telles que *Limnophila aquatica* ou *Cabomba aquatica,* on utilisera des plantes à grandes feuilles telles que *Aponogeton echinatus, Nymphaea lotus* et *Hygrophila corymbosa. Trichopsis pumilus* installe volontiers son petit nid d'écume sous les feuilles de ces plantes. Les valeurs de l'eau sont secondaires, à condition de ne pas être trop dures au alcalines. La température peut se situer autour de 25 °C. Pour le fond, on utilisera un gravier de 1 à 3 mm de diamètre. De petites cavités formées avec des pierres ou des pots de fleurs fendus et inclinés seront incorporées à la décoration. L'aquarium peut être normalement éclairé et doit être installé à un endroit tranquille.

## Reproduction

Cette petite espèce n'est pas difficile à reproduire. Pour ce faire, on élève la température à 28 – 30 °C dans un aquarium agencé comme celui de la maintenance. Le mâle construit son petit nid d'écume le plus souvent sous les feuilles ou sous une pierre en surplomb, mais aussi dans une cavité avec « toit ». Un mâle peut cumuler plusieurs femelles, frayant parfois avec l'une après l'autre, dans le courant de la journée. Pendant la pariade, ou encore pendant les parades d'intimidation des mâles, on peut souvent entendre des grognements, ou plutôt des grincements. Malgré sa petite taille, *Trichopsis pumilus* défend souvent son nid contre de plus gros poissons. Ce joyau rayonne alors de rangées de points bleu brillant. Tout comme d'autres, cette espèce étreint sa femelle sous le nid durant l'accouplement. Les deux partenaires rassemblent les paquets d'œufs coulant vers le bas et les mettent dans le nid. Après la ponte, on ne doit pas retirer la femelle du bac de ponte, car sa présence améliore souvent le zèle du mâle. Les jeunes nagent près de quatre jours plus tard, et on peut alors retirer les parents du bac de ponte.

## ➧ *Trichopsis schalleri*
LADIGES, 1952

Cette espèce décrite par le Prof. Dr. Werner Ladiges atteint une longueur d'environ 5 cm. La concavité en forme de selle de la tête, typique des *Trichopsis,* est absente chez cette espèce, qui se distingue également par les rayons épineux de la nageoire anale et par sa coloration.

Ladiges la décrit ainsi : « Chez le poisson vivant, les bandes longitudinales sont châtain, elles sont accompagnées de rangées d'écailles d'un intense vert-bleu brillant, celle située sous la dorsale pouvant se fractionner. La dorsale est liserée de brun rougeâtre, l'anale porte un étroit liseré sombre. »

L'aspect de ces poissons est proche de celui de *Trichopsis pumilus.* Quelques auteurs isolés ont soutenu récemment la thèse qu'il ne s'agit pas d'une espèce propre, mais d'une sous-espèce de *Trichopsis vittatus,* dont les multiples formes locales rendent une vaste révision nécessaire.

Pour moi, *Trichopsis schalleri* est une espèce valide. En effet, il n'est pas conceva-

*Trichopsis schalleri*

ble qu'il soit une sous-espèce de *Trichopsis vittatus*, car, dans cette hypothèse, il ne serait pas pensable que ces deux poissons puissent partager le même habitat. Or, à environ 8 stations de capture, qui s'étendent sur plus de 40 km, j'ai toujours pu observer et capturer ensemble *Trichopsis schalleri* et *Trichopsis vittatus*. Il s'agissait alors des biotopes les plus divers. Il n'est donc pas question de séparation par des barrières géographiques ou écologiques. La méthode de la transparence est la plus fiable pour la distinction des sexes.

## Milieu naturel

La localité mentionnée lors de la première description se situe aux alentours de Nam-Mun, près de Korat, 135 milles au nord-est de Bangkok, en Thaïlande.

Je n'eus malheureusement pas la chance de pêcher cette espèce dans le réseau du fleuve Mun, à proximité de la ville de Korat, également désignée sous le nom de Nakhon Ratchasima. Toutefois, outre *Trichopsis vittatus*, *Betta smaragdina* et d'autres étaient très abondamment pris dans les régions situées au nord de Khon Kaen, jusqu'à Nong Khaï, sur le fleuve Mékong. Les espèces dénombrées ci-dessus se rencontraient toutes, en particulier aux alentours de la ville de Nong Khaï, dans les rizières, les marécages, les canaux et les cours d'eau à 100 km à la ronde, et ce, dans les biotopes les plus divers. La température de l'eau se situait entre 28 et 32 °C. Les rives étaient toujours densément recouvertes de plantes, quand ce n'était pas la totalité de la surface occupée par l'eau qui était densément plantée, le niveau de l'eau se situant entre 5 et 30 cm.

Répartition géographique de *Trichopsis schalleri*.

## Maintenance et reproduction

Conformes à celles des autres espèces du genre *Trichopsis*.

Sous ce dense couvert de plantes aquatiques des environs de Nong Khaï, dans le nord-est de la Thaïlande, vivent *Betta smaragdina*, *Trichopsis schalleri* et *Trichopsis vittatus*.

## ➧ *Trichopsis vittatus*
(CUVIER & VALENCIENNES, 1831)

Avec une longueur totale de 7 cm, *Trichopsis vittatus* est le plus grand des trois gouramis grogneurs. Là encore, la distinction des sexes n'est guère facile. Les exemplaires adultes présentent souvent une tache pectorale arrondie et bien marquée, qui est présentée par beaucoup d'auteurs comme un critère de distinction. Malheureusement, cette tache est également présente chez certaines femelles, et n'est donc pas un critère de distinction valable. Les grands mâles présentent le plus souvent des nageoires allongées. Vu les différences de coloration des diverses formes géographiques, le meilleur moyen de distinction des sexes reste, là encore, la méthode de la transparence, décrite pour l'espèce *Trichopsis pumilus*.

## Milieu naturel

Cette espèce vit dans les cuvettes d'eau, les petites rivières, les canaux, les fossés et les rizières. Elle hante souvent les eaux très troubles et fangeuses des canaux des villes. Son aire de répartition est vaste et comprend Sumatra, les grandes îles de la Sonde, la

*Trichopsis vittatus*

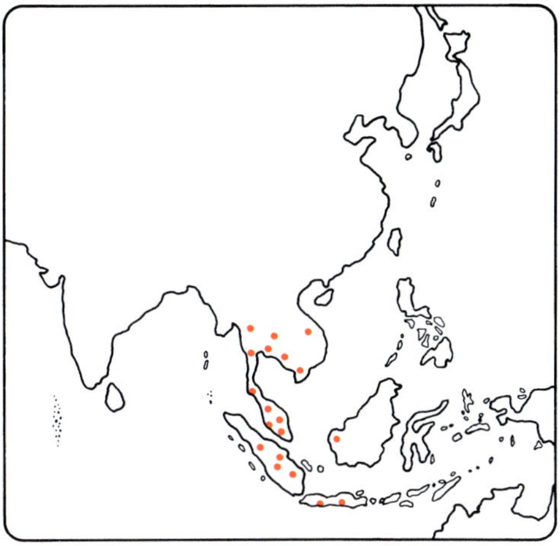

Répartition géographique de *Trichopsis vittatus.*

Malaisie, et la Thaïlande jusqu'au Viêt-nam. *T. vittatus* se rencontre souvent en petits bancs en eau libre, entre les massifs de plantes ou sous les feuilles flottantes des grandes plantes aquatiques.

## Maintenance

Cette espèce est facile à maintenir dans des aquariums d'au minimum 70 cm de long, 40 cm de large et 40 cm de haut, bien plantés et garnis de plantes flottantes telles que *Riccia fluitans* et *Ceratopteris pteridoides.* On utilisera un gravier fin et quelques racines de tourbière décoratives, entre lesquelles les poissons se tiendront volontiers. La température sera fixée à 25 °C. Un éclairement normal, à savoir 0,5 W par litre, est requis. Le bac devra être situé à un emplacement tranquille. Cette espèce étant plutôt timide, ses compagnons seront choisis parmi les espèces calmes, à tempérament semblable.

## Reproduction

Un aquarium agencé comme ci-dessus conviendra pour la reproduction. Toutefois, les poissons devront être placés par couples et la température portée à 28 – 30 °C. Le grand gourami grogneur construit son nid de bulles à la surface de l'eau sous ou parmi les feuilles des plantes flottantes. Ce nid peut atteindre 10 cm de diamètre pendant la garde parentale. Lors de la parade sexuelle, on entend distinctement les forts grognements émis par le mâle. L'accouplement comporte des étreintes des partenaires sous le nid de bulles. La suite du déroulement est semblable à celle des autres espèces de ce genre.

On trouve *T. vittatus* et d'autres anabantoïdes jusque dans l'eau trouble des marigots.

# Les Anabantoïdes africains

La dernière partie de ce livre sera consacrée aux perches grimpeuses africaines, qui ont reçu le surnom allemand de « poissons de brousse » par le Prof. Dr. Werner Ladiges. Avec environ 25 espèces, le genre *Ctenopoma* est le plus grand des Anabantoïdes. Selon ce qu'on peut lire dans de nombreuses publications, ce genre comporte des poissons prédateurs le plus souvent timides et vivant cachés. Cependant, s'ils sont correctement maintenus, ils démentent vite cette réputation. Les *Ctenopoma* sont de très intéressants sujets d'observation pouvant être tenus sans risque en compagnie d'autres espèces, pourvu qu'elles ne soient pas trop petites. Leur comportement surtout défensif en fait de sympathiques pensionnaires d'aquarium communautaire. Les *Ctenopoma* ne font pas partie des anabantoïdes les plus colorés. Toutefois, leur morphologie insolite les rend très attrayants. Le terme *Ctenopoma* signifie : « avec peigne sur le couvercle », autrement dit avec un opercule denté ou denticulé.

**La pêche dans les cours d'eau de la forêt vierge tropicale s'avère souvent très difficile.**

Le genre peut être divisé en deux groupes, celui des espèces pratiquant la garde parentale et celui des espèces pondant librement. Les espèces à garde parentale édifient un nid de bulles, pondent sous celui-ci et surveillent et soignent leur progéniture jusqu'au stade de la nage libre, à l'instar de la plupart des anabantoïdes asiatiques. On en connaît jusqu'ici les espèces suivantes: *Ctenopoma ansorgii, C. damasi, C. fasciolatum,* et *C. nanum.* Les espèces pondant librement émettent leurs produits génitaux au cours d'une brève étreinte en eau libre, souvent à quelques centimètres seulement du fond, sans nid préalable et sans soins à la progéniture. Toujours selon nos connaissances actuelles, n'appartiennent à ce groupe que la moitié des *Ctenopoma* observés vivants et dont seulement une partie a pu être reproduite, à savoir les espèces *C. acutirostre (?), C. argentoventer, C. kingsleyae, C. multispinis (?), C. muriei, C. ocellatum (?)* et *Ctenopoma weeksii.* La distinction des sexes est généralement facile chez les espèces à garde parentale. Les différences de forme et de coloration des nageoires permettent de reconnaître facilement les mâles des femelles. Pour les autres espèces, toutefois, elle est beaucoup plus difficile. A ce sujet, le Prof. Dr. Hans M. Peters, avec l'exemple de *C. kingsleyae,* a considérablement contribué à éclairer nos connaissances. A l'inverse des espèces à garde parentale, celles de ce groupe ont de petites zones écailleuses particulières sur les côtés du corps, l'une près du bord postérieur de l'œil, l'autre sur le pédoncule caudal. Ces écailles diffèrent des autres en ce que leur rangée postérieure est garnie non de petits denticules, mais d'épines particulièrement allongées. Celles-ci sont caractéristiques des mâles, mais sont aussi présentes chez les femelles pratiquement adultes, quoique de taille plus réduite. D'après ce que l'on sait, ces zones écailleuses permettent au mâle de maintenir fermement la femelle lors de la très courte étreinte de l'accouplement. Les espèces allongées, à nage rapide, telles que *C. multispinis, C. machadoi, C. nigropannosum* et *C. pellegrinii,* font exception, comme l'établit Mme le Dr. Sylvia Berns, au cours de recherches en laboratoire. Chez ces espèces, les champs d'écailles sont seulement couverts d'épines. Bien que la reproduction de ces espèces n'ait pas encore été observée, on peut supposer qu'il s'agit également de pondeurs libres.

Les zones écailleuses décrites ci-dessus ne sont pas comparables aux écailles cténoïdes (à bord denticulé) normales des *Ctenopoma.* Lors de la capture à l'épuisette de ces poissons, il faut se garder des forts piquants du bord postérieur de l'opercule, qui peuvent provoquer des blessures cuisantes, un fait qu'il convient de ne pas négliger pour la maintenance de toutes les espèces de *Ctenopoma.* Les *Ctenopoma* sont de gros mangeurs, qui réclament une nourriture consistante, surtout les grandes espèces. Ils acceptent en outre volontiers les nourritures en flocons. En milieu naturel, la plupart des espèces vivent dans des eaux claires, propres et souvent courantes.

Lors de mes nombreux voyages en Afrique de l'Ouest, j'ai observé que ces poissons vivaient principalement dans des eaux faiblement minéralisées, richement oxygénées et acides, à une température comprise entre 24 et 28 °C. Leur présence dans les eaux libres de la brousse, chaudes et peu oxygénées, est plus rare.

L'offre de *Ctenopoma* dans le commerce spécialisé n'est malheureusement pas grande. Il reste à espérer que cette tendance s'inversera rapidement et que les aquariophiles pourront tenir ces intéressants sujets d'observations, de manière à résoudre les nombreuses questions encore non élucidées.

## ➧ *Ctenopoma acutirostre*
(PELLEGRIN, 1899)

Cette espèce encore peu connue se caractérise par sa robe pardée. Celle-ci se compose de taches irrégulières et de taille variable, brun sombre à noires, sur un corps jaune argile à brun clair. Seules les nageoires pectorales et la bordure postérieure des nageoires caudale, dorsale et anale sont transparentes et incolores. Ces poissons grandissent très lentement et atteignent jusqu'à 15 cm de long. En général, ils n'atteignent cette taille que dans des aquariums très spacieux et au plus tôt à l'âge de deux à trois ans. Les *Ctenopoma acutirostre* sont le plus souvent disponibles à l'état juvénile dans le commerce spécialisé, bien acclimatés et à la taille d'environ 4 cm. Bien qu'il s'agisse le plus souvent de spécimens sauvages, leur adaptation à diverses qualités d'eau ne pose pas de problèmes.

*Ctenopoma acutirostre*

Les yeux de ce poisson sont particulièrement grands, ce qui s'explique par une activité crépusculaire ou nocturne. Ils deviennent très actifs aux heures du soir, alors que, pendant la journée, ils chassent à l'affût, pratiquement immobiles. Leur gueule profondément fendue se transforme en un grand tube d'aspiration ovale lors de la saisie de la proie, qui est happée en un éclair. C'est pourquoi *Ctenopoma acutirostre* ne doit pas être tenu en compagnie de poissons trop petits. Il perd vite sa timidité dans un aquarium richement planté et décoré de racines de tourbière et autres cavités. Il ne se comporte pas comme un prédateur brutal, au contraire, il est plutôt discret. En aquarium communautaire, il devient très familier, se tenant généralement à l'avant et à proximité du couvercle, où il semble mendier sa nourriture. Sa morphologie très élevée et sa grande tête sont particulièrement imposantes. Par moments, son beau patron moucheté est affadi par la couleur de base brun sale, difficile à distinguer de celle d'une feuille morte, un camouflage qui facilite la chasse. Chassant dans un territoire occupé par d'autres poissons, il est vite reconnu et expulsé. Il n'est alors jamais agressif, évitant plutôt les attaques des autres, et se laissant mener comme une feuille hors de la zone interdite. Sa nourriture doit être consistante : gros flocons tels que ceux de TetraMarin, nourritures en tablettes telles que Tetra TabiMin ou TetraTips FD morcelé seront bien acceptés comme aliments d'appoint.

La patrie d'origine de ces poissons est le réseau du fleuve Congo au Zaïre, comprenant la région du Stanley Pool, près des villes de Kinshasa et Brazzaville, les chutes de Stanley et divers affluents. Ils vivent dans des zones à courant tantôt rapide, tantôt plus calme. Leurs repaires sont généralement constitués de cavités, de couverts végétaux ou de denses massifs de plantes. Ces poissons n'ont jamais été capturés que de nuit, une fois qu'ils ont quitté leur abri protecteur. Les qualités de l'eau sont diverses : la dureté totale moyenne est de 3,5 – 5° fr. et le pH de 7 – 7,5. La température de l'eau est comprise entre 25 et 29 °C. Il s'ensuit que la maintenance se fera dans une eau aussi faiblement minéralisée que possible, à fortiori pour la reproduction, dont la réussite reste encore un objectif à atteindre. Mais, même comme simples sujets d'observation, les *Ctenopoma acutirostre* vous raviront des années durant. La forme du « grand aquarium pour anabantoïdes » est la plus adaptée pour la maintenance.

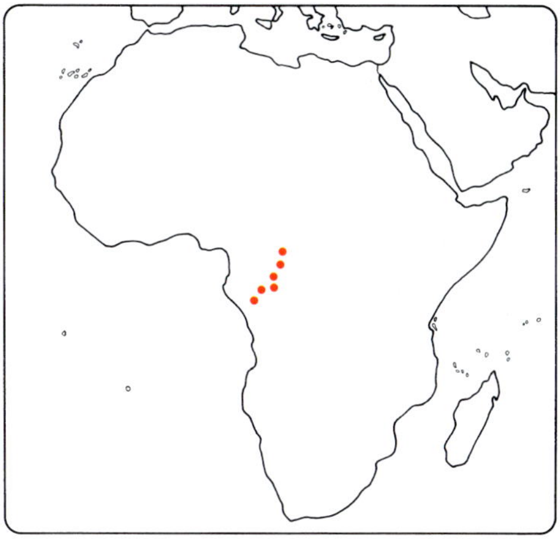

Répartition géographique de *Ctenopoma acutirostre.*

## ➧ *Ctenopoma ansorgii*
(BOULENGER, 1912)

Cette espèce de petite taille, très joliment colorée, atteint une longueur d'environ 8 cm. C'est en fait, avec ses couleurs resplendissantes, tantôt orange-brun, tantôt lustrées de vert sur les côtés du corps, la plus jolie espèce du genre. Six bandes transversales brun sombre barrent les flancs. Chez les mâles, les liserés des nageoires sont blancs. Faisant partie des espèces paisibles de *Ctenopoma,* elle convient parfaitement pour la mise en communauté avec d'autres espèces d'anabantoïdes.

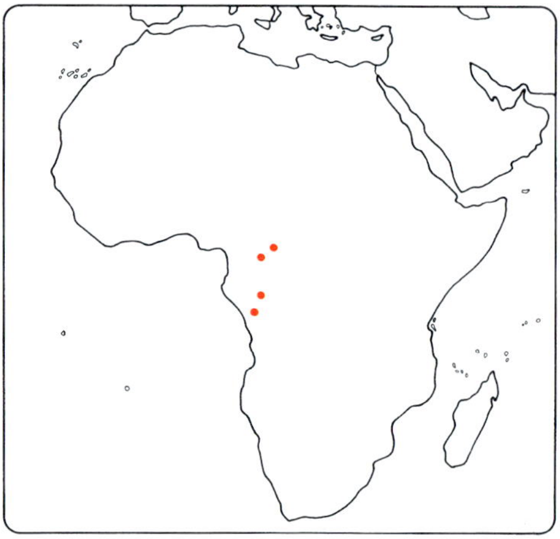

Répartition géographique de *Ctenopoma ansorgii.*

### Milieu naturel

Le milieu naturel s'étend surtout de la grande forêt pluvieuse du Gabon à l'Afrique centrale, au système du Shiloango au Zaïre, en passant par le Congo-Brazzaville. *C. ansorgii* se trouve vraisemblablement aussi dans les affluents des systèmes du Ntem et de l'Ogooué, au sud de Djoum.

Ces poissons vivent surtout près des berges densément plantées des cours d'eau étroits, où ils sont rarement capturés. Leurs provenances peuvent être très diverses, mais sont manifestement res-

*Ctenopoma ansorgii*

treintes à quelques vastes aires. Les eaux de ces secteurs sont faiblement minéralisées et acides.

Tableau n° 9

| | |
|---|---|
| Localité: | 3 km au sud de Djoum, dans le sud du Cameroun. |
| Transparence: | bonne |
| Couleur: | brunâtre |
| pH: | 6,4 |
| Dureté totale: | moins de 2 °TH fr. |
| Dureté carbonatée: | moins de 2 °THCa fr. |
| Conductivité: | 20 µS/cm à 25 °C |
| Nitrites: | 0,00 mg/l |
| Profondeur: | jusqu'à 80 cm |
| Courant: | léger |
| Température: | 25 °C |
| Date du relevé: | 19/2/1979 à 11h00 |

Parmi les espèces voisines ou vivant parallèlement, ont été capturés son proche parent *C. nanum,* ainsi que *C. maculatum,* à morphologie plus élevée. La température de l'eau se situe aux alentours de 25 °C, et ces poissons se rencontrent surtout dans les régions forestières très couvertes, faiblement éclairées. Leur maintenance en aquarium ne pose pas de problèmes. L'acclimatation dans un aquarium régional d'exemplaires de taille moyenne est facile. Seuls les *C. ansorgii* adultes s'acclimatent mal à l'espace restreint d'un aquarium et meurent au bout de quelques mois, en dépit d'une bonne maintenance. Dans le commerce spécialisé, les sujets proposés sont généralement des spécimens d'élevage acclimatés, que l'on n'aperçoit souvent qu'après un examen attentif.

*Ctenopoma ansorgii* fait partie des espèces à garde parentale. Pour sa reproduction, on lui fournira un bac faiblement éclairé et dont une partie sera densément plantée. L'eau, très douce et acide, devra être filtrée, et la température sera portée au-dessus de 26 °C. Le mâle construit sous les plantes flottantes son nid de bulles, sous lequel les partenaires s'étreignent pour frayer. La portée est prise en charge par le mâle. Selon le comportement des poissons, un retrait des parents après un jour sera souvent propice au développement d'un grand nombre de jeunes. Au moment de la nage libre, près de quatre jours plus tard, ceux-ci mangent Tetra Baby Fish Food en surface.

A l'âge d'environ 25 jours, les bandes transversales des jeunes *Ctenopoma ansorgii* apparaissent, puis, à près de 6 semaines, c'est le tour des premières parades d'intimidation et combats ritualisés. Bien nourris de flocons riches en vitamines et de composition variée, les poissons atteignent la taille d'environ 6 cm à la moitié de leur première année. *Ctenopoma ansorgii* convient pour la maintenance dans le «petit» tout comme dans le «grand aquarium pour anabantoïdes».

**Les échantillons du lit des cours d'eau du sud du Cameroun présentent une granulométrie atteignant 2 mm de diamètre. On peut donc parler d'un sol très fin.**

## Ctenopoma argentoventer
(SCHREITMÜLLER & AHL, 1922)

Cette espèce fait partie des plus robustes du genre. Le nom allemand de « poisson de brousse argenté » ne se justifie malheureusement que rarement, cette coloration ne s'observant que sur la gorge et la poitrine chez les juvéniles. Chez les adultes, cette coloration vire le plus souvent au brun-jaune doré. La robe générale est un brun moyen à sombre avec une tache bien distincte sur le pédoncule caudal, pouvant être bordée de jaune. *Ctenopoma argentoventer* peut atteindre 15 cm de long. La distinction des sexes est facile chez les jeunes. Les jeunes mâles présentent deux bandes transversales jaunâtres sur un corps brun sombre. L'une s'étire de la partie antérieure de la nageoire dorsale jusque sur le ventre, dans la région anale, comme chez les jeunes *Ctenopoma maculatum*. Par la suite, le dimorphisme sexuel se traduit par la présence de champs d'écailles particulières derrière la bordure de l'œil et sur le pédoncule caudal, comme il a été décrit dans le chapitre introductif sur les *Ctenopoma*.

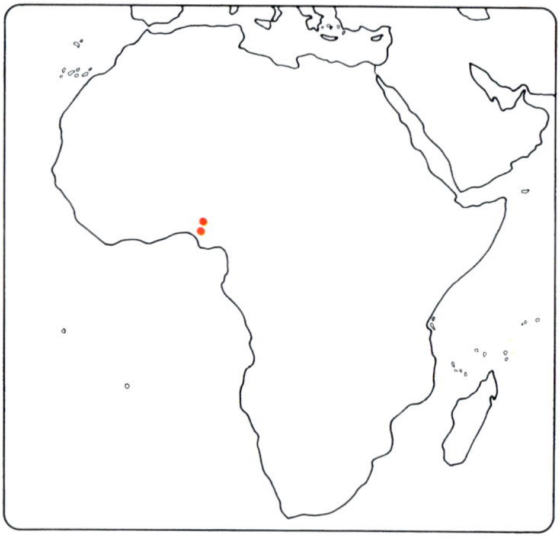

Répartition géographique de *Ctenopoma argentoventer.*

Cette photo représente *Ctenopoma argentoventer,* mais selon Teugels & Norris (1990), il s'agirait d'une nouvelle espèce nommée *Ctenopoma nebulosum*, et d'après les exemplaires pêchés par Heiko Bleher, d'une espèce indéterminée originaire de la Lua River, dans la région de l'Oubangi, au nord-Zaïre.

Tableau n° 10

| | |
|---|---|
| Localité : | Jamieson River, près de la ville de Sapele, Sud-Nigéria (fleuve Niger et son delta). |
| Transparence : | très bonne |
| Couleur : | sombre |
| pH : | 5,7 |
| Dureté totale : | moins de 2 °TH fr. |
| Dureté carbonatée : | moins de 2 °THCa fr. |
| Conductivité : | 5 µS/cm à 28,5 °C |
| Nitrites : | 0,00 mg/l |
| Profondeur : | jusqu'à 3 m |
| Courant : | rapide, jusqu'à 0,5 m/s |
| Température : | 28,5 °C |
| Date du relevé : | 26/3/1978 à 15h30 |

Cette espèce fut importée en Allemagne dès 1912. Son milieu naturel comprend la région du delta du Niger, au Nigéria. La localité se nomme « Warri sur le bas Niger ». La ville de Warri débute dès la zone de balancement des marées de l'océan Atlantique. Les cours d'eau y sont caractéristiques de la Mangrove. La Warri River, un cours d'eau propre, traverse Warri même, dans la Forcados Creek. Les valeurs de l'eau y sont équivalentes à celles des alentours de Sapele et Benin City. Ce sont les rivières Etiops et Jamieson, qui ont 80 m de large, un courant marqué et qui charrient une eau très douce et propre.

Parmi les autres espèces du genre, on rencontre également dans ces contrées *Ctenopoma kingsleyae.*

*Ctenopoma argentoventer* est dépeint comme un « prédateur vicieux », mordeur et belliqueux, un point de vue que je ne partage pas. Selon mes observations, c'est un poisson qui n'est pas vraiment délicat, qui peut parfois se déchaîner contre ses compagnons de bac, n'attendant pas que tous aient leur part lors du nourrissage. Agressivité et tempérament mordeur ne furent pas observés. On doit toutefois offrir à ces poissons un bac de grande taille, d'une longueur de 130 cm ou, mieux, 160 cm, d'une largeur de 50 cm et d'une hauteur de 50 cm. Celui-ci devra être pourvu de massifs de plantes atteignant la surface de l'eau. La température de l'eau se situera entre 23 et 25 °C, l'éclairage sera normal, soit 0,5 W par litre. Le bac devra être correctement couvert, ces poissons étant d'excellents sauteurs. Un fort courant provoqué par une pompe intérieure sera apprécié par ces poissons. Des nourritures en tablettes morcelées, telles que celles de Tetra TabiMin ou TetraTips FD, sont indispensables aux grands exemplaires.

## Reproduction

La reproduction a été réussie à quelques reprises. Ces pondeurs libres émettent leur frai lors d'une courte étreinte en pleine eau. Les œufs flottent alors en surface et se développent parmi les plantes flottantes. Les embryons éclosent après 48 heures et, deux jours plus tard, les alevins nagent librement. *Ctenopoma argentoventer* doit être tenu autant que possible en compagnie d'individus de taille voisine, et son agressivité restera dans des limites acceptables. Pour sa maintenance, seul convient le « grand aquarium pour anabantoïdes ».

Dépôts de fer sur la rive de l'Etiops River, au Nigéria.

## ➧ *Ctenopoma damasi*
(POLL, 1939)

Ce *Ctenopoma* bleu-vert perlé, importé pour la première fois par le Dr. Sylvia Berns et le Prof. Dr. H. M. Peters, est très rare et de taille particulièrement petite. Les mâles atteignent une longueur totale d'environ 7 cm, les femelles étant adultes à environ 6 cm. La coloration normale est un léger gris-brun chez les deux sexes. Les mâles dominants se colorent fortement de vert-bleu sur un corps sombre et deviennent bleu-noir intense durant la pariade ou l'accouplement.

Ce bleu-noir résulte de nombreuses petites taches brillantes sur un corps noir, alors que la femelle, durant ce moment, ne

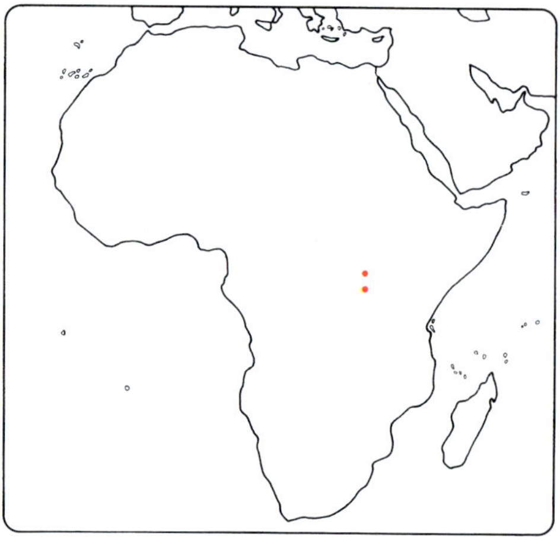

Répartition géographique de *Ctenopoma damasi.*

*Ctenopoma damasi*

réhausse sa coloration normale que d'une bande longitudinale gris clair.

## Milieu naturel

Cette espèce provient des environs du lac Edward en Afrique de l'Est. Elle a été trouvée sur la rive congolaise par le Dr. M. Poll, et sur la rive ougandaise par le Dr. Berns et le Prof. Peters. *C. Damasi* y vit dans les plans d'eau à ciel ouvert, densément plantés, des régions marécageuses ou inondées, et dans de petites mares calmes, dont la surface est souvent envahie par la plante flottante *Pistia stratiotes.* La température de ces étendues d'eau s'élève fortement sous l'effet de l'ensoleillement, pour atteindre près de 34 °C, ce qui peut entraîner de fortes carences en oxygène. Ces eaux abritent également *Ctenopoma muriei,* une espèce à large répartition géographique.

## Maintenance

La maintenance de cette espèce ne pose pas de problèmes. Un aquarium agencé tel qu'il est décrit pour *C. ansorgii* ou pour l'espèce suivante *C. fasciolatum* conviendra. *C. damasi* étant rarissime, il est préférable de ne le tenir qu'en compagnie de ses congénères, et non en communauté. S'il se révèle trop farouche, on lui adjoindra un banc de tétras ou quelques platys. *C. damasi* est une espèce à soins parentaux. Les mâles construisent un nid d'écume compact parmi ou sous les plantes flottantes, sous lequel le couple fraie en s'enlaçant. Les œufs, transparents, remontent à la surface. Le mâle s'occupe seul du frai. A une température de 28 °C, les œufs éclosent après un jour et demi, et les jeunes nagent librement après 48 heures supplémentaires. Massés sous la surface de l'eau, ils seront nourris à l'aide de petites quantités de nourriture en poudre telle que Tetra Baby Fish Food. Une légère aération favorisera une bonne répartition de la nourriture. Bien soignés, les jeunes grandissent très rapidement.

Pour la capture des poissons, les enfants africains sont souvent une aide diligente et experte.

## ➧ *Ctenopoma fasciolatum*
(BOULENGER, 1899)

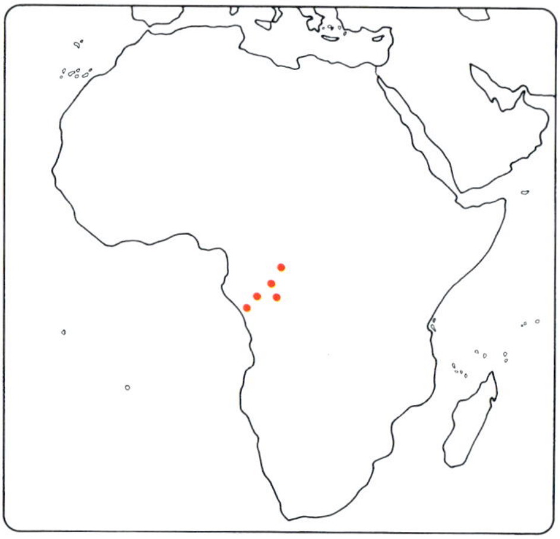

Répartition géographique de *Ctenopoma fasciolatum.*

Cette espèce très paisible ne dépassant pas 8 cm de long fut introduite pour la première fois en Allemagne en 1912. Elle constituait alors une intéressante nouveauté au même titre que le Poisson de Paradis asiatique, *Macropodus opercularis. Ctenopoma fasciolatum* est également un constructeur de nids de bulles à soins parentaux. Les mâles adultes présentent des nageoires dorsale et anale fortement développées et terminées en pointe, à l'inverse des femelles qui, bien qu'ayant également ces nageoires terminées en pointe, les ont moins allongées. Par ailleurs, le patron de coloration en zig-zag, presque bleu-noir chez les mâles, est moins marqué chez les femelles. Ces dernières présentent, en outre, une bande longitudinale gris clair au milieu du corps pendant la parade sexuelle. Ces poissons sont assez timides. Toutefois, placés dans un aquarium bien planté en compagnie d'autres poissons, ils se révèlent d'actifs nageurs et d'intéressants sujets d'étude. *C. fasciolatum* n'est agressif ni envers ses congénères, ni envers d'autres espèces. Sa maintenance ne pose pas de problèmes, et on peut même le tenir en compagnie de petites espèces.

L'aquarium doit avoir une longueur minimale de 70 cm. Il convient de le planter abondamment en divers endroits avec des

*Ctenopoma fasciolatum*

plantes à tiges érigées telles que *Hygrophila polysperma, Hygrophila stricta, Limnophila aquatica,* ainsi que plusieurs tiges de *Heteranthera zosterifolia,* formant un massif sur l'arrière-plan ou sur les côtés. Par ailleurs, on disposera sur un côté un pied de *Nymphaea lotus,* le Lotus tigré rouge. Outre le contraste qu'il constitue, ses feuilles flottantes sont volontiers utilisées comme refuge par les petites espèces de *Ctenopoma.* L'avant-plan sera décoré d'une paire de *Cryptocoryne blassii* et de quelques *Microsorium pteropus,* au milieu de deux ou trois groupes de cailloux. Pour le sol, un gravier de 1 à 3 mm de granulométrie conviendra parfaitement. Quelques plantes flottantes telles que *Pistia stratiotes* et un peu de *Riccia fluitans* complèteront le tableau. La température sera fixée à 25 °C, et l'aquarium sera éclairé normalement, à raison de 12 heures par jour. Les nourritures séchées au soleil et lyophilisées de la gamme Tetra Delica, telles que les larves de moustiques rouges, constitueront l'alimentation de base. Pour varier les menus, on offrira également des nourritures en flocons telles que TetraPhyll, nourriture végétale riche en vitamines. *Ctenopoma fasciolatum* a souvent été confondu avec *Ctenopoma nanum* durant ces dernières décennies. Cette confusion est entretenue encore aujourd'hui par divers auteurs et aquariophiles, bien que les premières descriptions aient clairement établi l'identité de ces deux espèces. La morphologie de *C. nanum* présente de grandes similitudes avec celle de *C. ansorgii* et *C. damasi. C. fasciolatum,* au contraire, se reconnaît au premier coup d'œil par sa morphologie élevée. De plus, son patron constitué de dix à douze bandes transversales en zig-zag lui donne un tout autre aspect. Le milieu naturel de *C. fasciolatum* est la région du Zaïre, dans le haut Congo, de Mozembe jusqu'à l'embouchure, près de Boma.

Les analyses d'eau de ces régions indiquent des valeurs faiblement minéralisées et légèrement acides. De ce fait, ces valeurs doivent être reconstituées dans un aquarium prévu pour sa reproduction. Des plantes à tiges érigées, disposées en bosquets et atteignant la surface, ainsi que quelques plantes flottantes, comme pour un aquarium de maintenance, devront être mises dans l'aquarium de reproduction. La température sera portée à 28 °C, et le bac devra être situé à un emplacement tranquille. Un éclairage faible et une filtration modérée, de préférence avec un filtre intérieur Tetra Brillant, sont également recommandés. Un aquarium de reproduction ainsi agencé reste alors en fonctionnement une semaine à 14 jours, après quoi un couple reproducteur, si possible constitué d'individus de 7 à 8 cm de long, sera introduit. La patience de l'éleveur sera alors souvent mise à rude épreuve avant que le mâle ne se décide à construire un nid de bulles. Il sera le plus souvent entre les plantes flotantes, en surface, d'une forme assez lâche. Malgré les pariades sexuelles, de longs jours peuvent encore s'écouler avant le frai. Avec un peu de patience et de chance, les poissons s'accouplent alors sous le nid d'écume. Le mâle étreint sa femelle par dessous, tandis que celle-ci reste dans sa position de nage normale. Après la ponte, la femelle se retire et les œufs remontent lentement jusqu'à la surface. De grands individus peuvent être très prolifiques : le chiffre de 1000 œufs n'est pas rare. Des pontes se succédant sur plusieurs jours ne sont également pas rares. Comme les parents ne s'attaquent ni aux œufs, ni aux alevins, ceux-ci peuvent se développer sans danger. Près de 18 heures après la ponte, les œufs éclosent. Deux bons jours plus tard, les petits nagent parmi les plantes en surface et se mettent en quête de nourriture de petite taille. L'alimentation sera constituée des flocons pulvérisés de Tetra Baby Fish Food. Ainsi soignés, les petits *Ctenopoma fasciolatum* grandissent rapidement et atteignent en huit semaines une taille d'environ 1,5 cm. A cette longueur, ils montrent déjà le patron en zig-zag des adultes. La croissance des jeunes est malheureusement très étagée, et il convient de séparer les gros des autres pour permettre à ces derniers de se développer correctement. *Ctenopoma fasciolatum* est un poisson joli, paisible et facile à élever. Il reste à espérer qu'il sera reproduit en quantités croissantes et plus largement répandu.

## ➧ *Ctenopoma kingsleyae*

GÜNTHER, 1866

Cette espèce, largement répandue dans toute l'Afrique de l'Ouest d'après sa première description, compte parmi les grandes du genre, avec une taille atteignant les 20 cm. Malgré cela, il s'agit d'un poisson très paisible. Bien entendu, il n'est pas recommandé de le mélanger à des poissons de petite taille, qui lui serviraient de proies tôt ou tard. A partir de 6 cm de long, d'autres poissons pourront être mis en communauté avec des spécimens adultes, pourvu qu'ils ne soient

*Ctenopoma kingsleyae*

pas de morphologie trop longiligne. Cette espèce n'est pas particulièrement colorée, un gris sombre sur la moitié supérieure du corps complétant la coloration vert lustré de la partie inférieure des flancs. Une tache noire sur le pédoncule caudal n'est nettement distincte que chez les juvéniles. Les nageoires pectorales sont légèrement teintées de jaune.

*C. kingsleyae* fait partie des espèces ne prodiguant pas de soins à la progéniture. La ponte a lieu en eau libre. Les sexes ne peuvent être reconnus qu'à partir de la taille de 12 cm, uniquement de la façon indiquée lors de l'introduction sur les *Ctenopoma.*

## Milieu naturel

Selon la première description, cette espèce provient des régions côtières d'Afrique de l'Ouest, de la Gambie au Gabon, en passant par le delta du Niger, au Nigéria.

Cependant, lors de mes voyages en Afrique de l'Ouest, je n'ai pu pêcher cette espèce qu'en Sierra Leone. Les poissons s'y trouvaient en quantités particulièrement abondantes dans des cours d'eau claire et courante, dans la région forestière de Kasewe. Les plus grands exemplaires ne dépassaient guère les 15 cm. On les rencontrait dans une sorte de grande retenue d'eau en forme de lac. L'eau était très faiblement minéralisée et acide. La température s'élevait à 25 °C. Cette espèce se rencontre également dans le nord de la Sierra Leone. J'ai pêché cette espèce près de la ville de Kambia, dans les rizières et leurs canaux. La température de l'eau y atteignait 30 °C. Une légère différence de couleur était sensible par rapport à la localité de Kasewe. Alors que les spécimens de la région forestière étaient plus gris et moins teintés de vert, c'était tout le contraire chez ceux des régions découvertes. Ceux-ci présentaient un très joli vert sur un corps presque noir, si bien que je crus au début être en présence d'une autre espèce, dont on pouvait généralement observer de nombreux exemplaires, nageant vigoureusement en eau libre peu pourvue en plantes. Lors d'un danger

En Afrique, la pêche est affaire de femmes, qui viennent volontiers en aide aux aquariophiles.

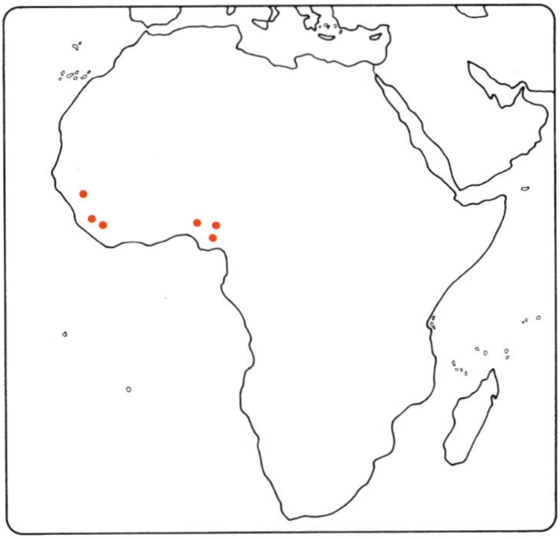

Répartition géographique de *Ctenopoma kingsleyae.*

supposé, ils se réfugient instantanément parmi les plantes des berges.

Pour la maintenance de cette espèce, on n'utilisera que des bacs de grande taille. Un aquarium de 130 cm de long, 50 de large et 50 de haut est un minimum. Il sera garni de denses massifs de plantes avec des étendues de nage aussi ininterrompues que possible. La température se situera entre 24 et 26 °C. D'après les connaissances actuelles, les valeurs de l'eau sont secondaires, pour la maintenance comme pour la reproduction.

## Reproduction

Un grand aquarium est indispensable pour la reproduction. Outre les quelques massifs touffus de plantes, quelques cavités ou édifices rocheux permettront à la femelle de se soustraire à l'agressivité du mâle.

La surface de l'eau doit être densément recouverte de plantes flottantes, et la température portée à 26 °C.

*C. kingsleyae* fraie en eau libre après une courte étreinte. Les œufs remontent à la surface et se développent parmi les plantes flottantes.

L'espèce est très prolifique. Des poissons adultes peuvent produire plusieurs milliers d'œufs. Vu que les parents abandonnent leur progéniture, on les retirera du bac après le frai. Les œufs éclosent après 36 heures et les jeunes nagent deux jours plus tard. Comme première nourriture, on pourra leur donner les flocons pulvérisés de Tetra Baby Fish Food. A l'âge d'environ 4 semaines, la tache noire du pédoncule caudal fait son apparition et les alevins commencent à respirer l'air atmosphérique. *C. kingsleyae* est une espèce très intéressante, dont la plus jolie robe est développée avant la taille de 10 cm, et qui devrait être plus largement répandue parmi les aquariophiles.

Tableau n° 11

| | |
|---|---|
| Localité : | Masene, près de la ville de Kambia, Sierra Leone, fossés inondés des rizières. |
| Transparence : | eau trouble |
| Couleur : | sombre |
| pH : | 5,7 |
| Dureté totale: | moins de 2 °TH fr. |
| Dureté carbonatée: | moins de 2 °THCa fr. |
| Conductivité : | 15 µS/cm à 30 °C |
| Nitrites : | 0,05 mg/l |
| Profondeur : | jusqu'à 50 cm |
| Courant : | faible |
| Température de l'eau : | 30 °C |
| Date du relevé : | 19/11/1978 à 12h00 |

Un *C. kingsleyae* fraîchement capturé de 5 cm de long, dans la région de Kasewe, en Sierra Leone.

Biotope typique des *Ctenopoma* en Afrique de l'Ouest.

## *Ctenopoma maculatum*
THOMINOT, 1886

Cette espèce atteignant 20 cm de long n'est malheureusement que rarement importée pour l'aquariophilie. Les quelques exemplaires que j'ai moi-même capturés présentaient un comportement très effacé en aquarium, souvent timide. Leur longueur totale n'atteignait généralement que 6 cm. Seuls les grands exemplaires présentent des caractères sexuels secondaires. Les zones d'écailles bordées de piquants derrière l'œil et à proximité de la base de la caudale ne sont distinctes que vers la taille de 10 cm. On ne sait pas encore quelle taille cette espèce atteint en aquarium. *C. maculatum* présente en robe juvénile une coloration très attrayante. Les poissons sont colorés de brun sombre et un anneau jaune clair s'étire sur le corps, de la nageoire dorsale jusqu'entre les nageoires pelviennes et anale. Un autre anneau trans-

*Ctenopoma maculatum*

versal jaune clair complète ce patron, donnant à ce poisson une ressemblance avec le gourami chocolat asiatique, *Sphaerichthys osphromenoides*. A la taille de 4 à 5 cm, cette coloration s'affadit et se mue en une robe gris-bleu pâle avec une tache noire bien marquée sur le milieu du flanc.

## Milieu naturel

Cette espèce provient du sud du Cameroun, du Gabon et du Rio Muni. Les affluents des systèmes fluviaux du Dja, du Ntem et de l'Ogooué en sont les localités connues. Toutefois, je n'y ai pêché cette espèce qu'isolée et rare. Ces poissons se rencontraient dans de petits cours d'eau courante, très douce et acide, le plus souvent profondément dissimulés dans les berges densément plantées. Le niveau de l'eau n'y atteignait souvent que 20 cm. Voir également le tableau n° 9 (page 149).

Je n'ai pas pu confirmer la présence de cette espèce dans la localité type, la rivière Kribi, appelée depuis quelque temps Kienke.

## Maintenance

Pour la maintenance de cette espèce, on se reportera aux indications mentionnées pour *C. acutirostre, C. ocellatum* et *C. weeksii*. D'une manière générale, *C. maculatum* n'est pas exigeant. Le bac ne devra pas être trop petit. Un complément de nourriture en flocons telle que TetraMin lui procurera un apport équilibré en vitamines. La température de l'eau doit se situer entre 25 et 27 °C. La plantation de l'aquarium en massifs denses sera bénéfique, car leur absence rend les poissons très farouches. *C. maculatum* n'est pas agressif et peut être tenu en compagnie de toutes les grandes espèces. Pour une bonne maintenance, seul le « grand aquarium pour anabantoïdes » convient.

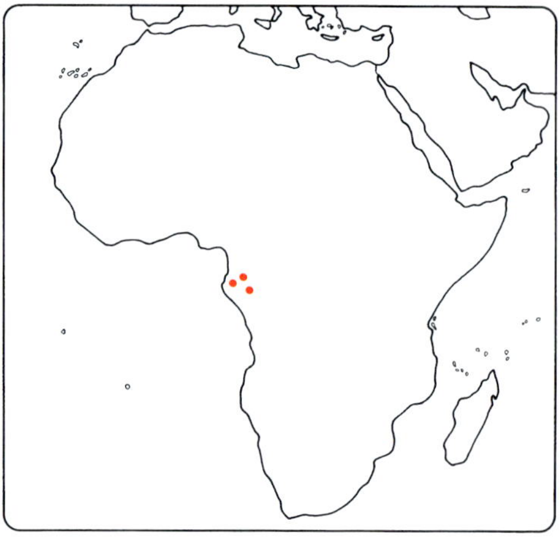

Répartition géographique de *Ctenopoma maculatum*.

Milieu naturel de *Ctenopoma maculatum* dans le sud du Cameroun.

## *Ctenopoma multispinis*
PETERS, 1844

Atteignant également une grande taille, avec ses quelque 15 cm de long, cette espèce est un nageur rapide. Alors que les autres espèces de *Ctenopoma* restent souvent longtemps immobiles, *C. multispinis* est toujours en mouvement. Cette espèce ne doit être tenue qu'avec des poissons robustes et de grande taille, vu qu'elle s'avère vorace et, parfois, agressive. L'idéal est de la tenir en compagnie de la perche grimpeuse asiatique, *Anabas testudineus*, ces deux espèces ayant un comportement similaire.

Par ailleurs, *C. multispinis* est souvent contraint de se mettre en quête d'un plan d'eau, «grimpant» sur la terre ferme par temps humide. Les sexes ne peuvent

*Ctenopoma multispinis*

manifestement être identifiés que par l'examen des champs d'écailles épineuses. Ce poisson fait partie des pondeurs libres, dont les œufs sont lâchés au cours d'une brève étreinte, et qui se développent sans soins parentaux.

## Milieu naturel

L'aire de répartition de ce poisson englobe une vaste région du sud-est de l'Afrique, avec ses grands fleuves, surtout dans les affluents et les marécages du sud du Zaïre, du Mozambique, de la Zambie, du Zimbabwe et du Botswana. Le poisson représenté ici fut capturé au Mozambique par D. Schaller, de Munich, et gracieusement mis à ma disposition pour observation.

La maintenance de *C. multispinis* s'effectuera de préférence en aquarium spacieux. Cette condition n'est certes pas absolument indispensable, mais elle permet un meilleur développement de ces poissons. En outre, ils devront être tenus autant que possible à plusieurs et en compagnie d'autres poissons robustes et de grande taille, de façon à ce que les « débordements affectifs » se répartissent sur plusieurs compagnons.

Comme nourriture, on leur procurera des vers de terre, des larves de moustiques et autres insectes, de jeunes vers de farine, des crevettes, de jeunes poissons jusqu'à 1,5 cm de long et toutes nourritures consistantes. Une ou deux fois par semaine, on leur servira des nourritures en gros flocons riches en vitamines telles que TetraMarin, ainsi que des tablettes telles que Tetra TabiMin. L'aquarium doit être bien couvert, ce poisson étant un sauteur vif et précis. Bien soigné, *C. multispinis* devient très familier et, lors de l'ouverture du bac pour l'alimentation, il n'est pas rare qu'il saute hors de l'eau en direction de son soigneur. La température de l'eau peut se situer entre 25 et 27 °C. Pour la plantation, seules les espèces robustes et coriaces seront utilisées, tels les *Anubias nana* d'Afrique de l'Ouest. Quelques cavités seront constituées pour les périodes de calme. En outre, le recouvrement partiel de la surface par des plantes flottantes telles que *Pistia stratiotes* sera le bienvenu, car il contribuera à sécuriser les poissons. La qualité de l'eau se révèle secondaire. Une filtration puissante est profitable au bien-être des poissons, et un renouvellement partiel de l'eau (d'un quart à un tiers toutes les deux ou trois semaines) sera bien entendu effectué. *C. multispinis* est une espèce très intéressante, qui constitue un sujet d'étude passionnant pour l'aquariophile ou le naturaliste amateur.

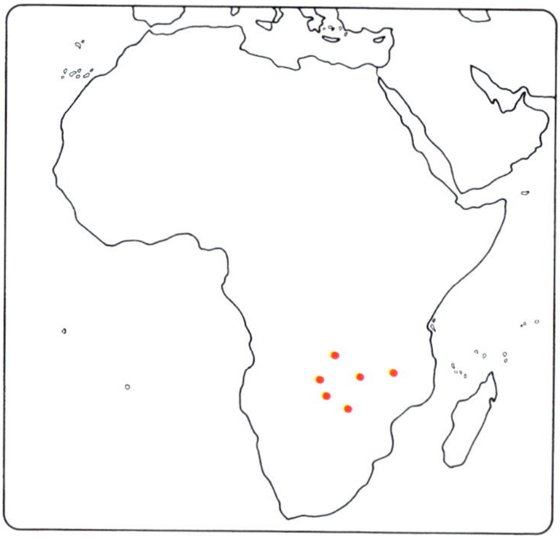

Répartition géographique de *Ctenopoma multispinis.*

## Ctenopoma muriei
(BOULENGER, 1906)

Ce *Ctenopoma* fut importé vivant en Europe très tôt par le Prof. Dr. Peters et le Dr. Berns. Il atteint généralement 8 cm de long. La distinction des sexes n'est pas possible d'après la coloration. Ceux-ci ne peuvent être reconnus qu'au moyen des zones d'écailles épineuses derrière l'œil et sur le pédoncule caudal. A l'âge adulte, les femelles sont légèrement plus longues.

*Ctenopoma muriei*

## Milieu naturel

L'aire de répartition de cette espèce s'étend du nord-est à l'est de l'Afrique, du Nil Blanc de Khartoum jusqu'à la région des lacs Albert, Kioga, Victoria et Edward. La limite sud atteint le nord du lac Tanganyika, et l'ouest le bassin du Tchad et le bassin voisin du Mayo Kebi. Par suite de cette vaste répartition, des différences morphologiques peuvent apparaître. De petites retenues d'eau calme, ainsi que des marais, des champs inondés tout comme de petites mares, le plus souvent densément plantés, constituent le biotope de cette espèce. Leurs eaux sont souvent très pauvres en oxygène et atteignent une température de 34 °C. Selon certaines recherches, ces zones le plus souvent calmes et chaudes ne sont peuplées que pendant une courte période. Les poissons préfèrent généralement des eaux plus fraîches et plus profondes. *C. muriei* fait partie des nageurs vivaces. Ils quadrillent généralement les couches d'eau moyennes en aquarium, ce qu'il faut prendre en considération lors de l'agencement. Un espace de nage important doit être aménagé au milieu d'une plantation dense d'arrière-plan, et d'un décor constitué de cavités et de racines de tourbière. La température de l'eau se situera autour de 25 °C, et un filtre à turbine pourvoira à un léger courant d'eau. Une couverture partielle de la surface à l'aide de plantes flottantes telles que *Pistia stratiotes* ou *Ceratopteris pteridoides* accroîtra le sentiment de sécurité des poissons et permettra de meilleures observations. Pour une maintenance optimale de *C. muriei*, la forme du « grand aquarium pour anabantoïdes » est la plus indiquée.

La reproduction de ce poisson n'est guère difficile dans une installation telle que ci-dessus. Le bac de ponte ne doit pas être trop petit, une longueur minimale de 100 cm étant indispensable. La température de l'eau doit être portée à 28 °C, et il est préférable d'adjoindre deux ou trois mâles à chaque femelle.

*C. muriei* fait partie des pondeurs libres. Le frai survient le plus souvent dans la pénombre du soir. Après de rapides poursuites, au cours desquelles les mâles pourchassent la femelle, l'un d'eux tente de l'enlacer en interrompant sa nage. Au bout d'un court laps de temps, qui n'est généralement que de trois secondes, l'étreinte cesse et les œufs émis remontent vers la surface. Cette espèce ne prodigue pas de soins à sa progéniture. Un frai peut compter plus de 1000 œufs. Ceux-ci éclosent au bout d'environ 25 heures.

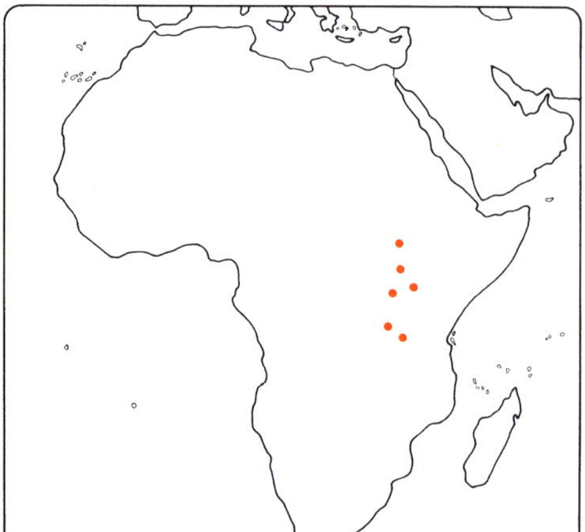

**Répartition géographique de *Ctenopoma muriei*.**

## *Ctenopoma nanum*
GÜNTHER, 1896

Ce nain du genre, dont la longueur totale adulte avoisine les 7 cm, constitue un pensionnaire d'aquarium idéal. Le dimorphisme sexuel est facile à reconnaître chez les grands exemplaires. Les mâles présentent une coloration corporelle sombre, le plus souvent constituée de gris sombre à bleunoir. Les nageoires dorsale et anale sont, en regard des femelles, légèrement plus pointues, et bordées de bleu clair. La robe des femelles reste plus claire, et est généralement traversée d'une large bande longitudinale gris clair, allant du milieu du corps à la base de la caudale. Selon les conditions de maintenance, sept à dix bandes transversales sombres peuvent apparaître lors de la pariade chez les deux sexes, en particulier chez les femelles.

*C. nanum* est souvent inexplicablement confondu avec *C. fasciolatum*, dont il se distingue pourtant facilement, vu qu'il reste plus petit et qu'il est de morphologie moins haute et nettement élancée.

Les bandes transversales des flancs ne forment pas un dessin en zig-zag et les mâles n'ont pas les nageoires dorsale et anale très allongées du Poisson de Paradis, *Macropodus opercularis*. L'identification de l'espèce est donc simple.

*Ctenopoma nanum*

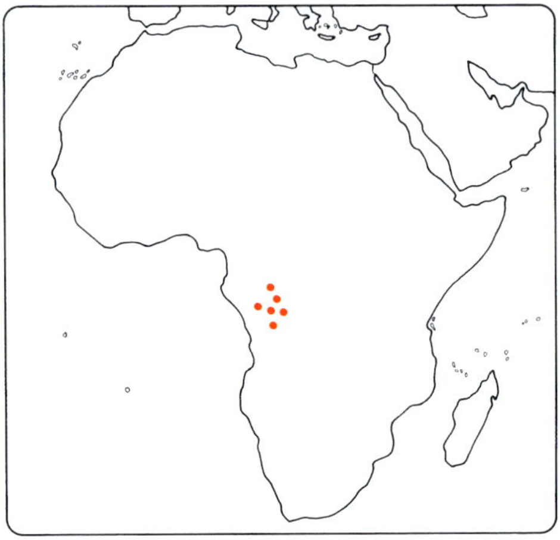

Répartition géographique de *Ctenopoma nanum.*

## Milieu naturel

L'aire de répartition géographique de *C. nanum* s'étend du sud du Cameroun à la région du bas Congo, près du Congo-Brazzaville, en passant par le Rio Muni, au Gabon. J'ai souvent pêché cette espèce ces dernières années dans les bras sud-est du fleuve Kienke, ainsi que dans les affluents des fleuves Ntem et Dja, dans le sud du Cameroun. Cette espèce peut également être capturée dans certains cours d'eau du système de l'Ogooué. Les poissons originaires de l'affluent du Dja se caractérisent par la présence de rouge brunâtre dans la coloration, si bien qu'a priori, on peut faire le parallèle avec l'espèce *Ctenopoma brunneum* (Ahl, 1927) qui, selon la première description, est native de la région. *C. nanum* vit dans de petits cours d'eau dépendant de plus grands fleuves, ayant généralement 3 m de large et seulement 50 cm de profondeur. Les rives et les zones inondées adjacentes sont les lieux de prédilection de cette espèce. On l'y rencontre généralement parmi les feuilles mortes tombées à l'eau ou entre les racines dénudées des arbres. On le trouve aussi, quoique plus rarement, dans de petits ruisseaux étroits, souvent indistincts, dont l'eau est malgré tout courante et n'est guère plus élevée en température. L'eau de telles stations était toujours très douce, acide et presque toujours courante. Il s'agissait de ruisseaux forestiers, qui étaient rarement entièrement exposés au soleil et dont la température tournait toujours autour de 25 °C aux diverses périodes de l'année, ne s'élevant – parfois – que de 1 ou 2 °C en terrain dégagé.

*C. nanum* est facile à tenir et ne présente pas d'exigences particulières. Certains points doivent tout de même être pris en considération pour l'agencement du bac. Bien que cette espèce ne devienne pas très grande, on ne doit pas la tenir en bac trop petit, une longueur de 70 cm, par 40 cm de large et 30 cm de haut, sera un minimum. Cette espèce apprécie beaucoup les massifs de plantes à tiges érigées atteignant la surface, telles que *Cabomba aquatica, Cabomba caroliniana,* ou *Ceratopteris thalictroides.* On complètera le tableau à l'aide d'une racine de tourbière décorative garnie de quelques touffes de *Microsorium pteropus,* la fougère de Java, ou encore de *Bolbitis heudelotii,* originaire d'Afrique de l'Ouest, ainsi que de quelques amas de pierres disposées de façon à recréer des anfractuosités.

Pour le sol, on utilisera un gravier de 1 à 3 mm de granulométrie. Un peu de *Riccia fluitans* et une paire de *Ceratopteris pteridoides* couvriront la surface de l'eau.

Un filtre Tetra Brillant contribuera efficacement à une eau saine et claire, avec un

Tableau n° 12

| | |
|---|---|
| Localité : | près de Akom, entre les villes de Kribi et Ebolowa. |
| Transparence : | eau claire |
| Couleur : | brune |
| pH : | 5,6 |
| Dureté totale: | moins de 2 °TH fr. |
| Dureté carbonatée: | moins de 2 °THCa fr. |
| Conductivité : | 6 µS/cm à 24,5 °C |
| Nitrites : | 0,00 mg/l |
| Profondeur : | jusqu'à 50 cm |
| Courant : | marqué |
| Température de l'eau : | 24,5 °C |
| Date du relevé : | 16/3/1977 à 16h30 |

léger courant d'eau. La température sera située entre 24 et 25 °C, et l'aquarium sera soumis à un éclairement normal, 0,5 W par litre de contenance. Ces recommandations sont valables pour un aquarium spécifique. Pour une maintenance en communauté, un « petit aquarium pour anabantoïdes » convient également.

## Reproduction

Pour la reproduction, on utilisera un bac prévu à cet effet, et on y introduira un couple prêt à frayer, si possible déjà constitué de lui-même dans le bac d'ensemble. Le mâle construit rapidement un petit nid de bulles parmi les plantes flottantes. Après de fougueuses avances, la femelle suit le mâle sous le nid, sous lequel les œufs sont pondus et fécondés, au cours d'étreintes de la femelle par son partenaire. Les œufs remontent vers la surface, et sont soignés et défendus par le mâle seul après la fin du frai et ce, jusqu'à la nage libre des alevins. Cette espèce est très prolifique, et de grands exemplaires peuvent déposer de 600 à 800 œufs. Pour réussir l'élevage, il est préférable d'utiliser une eau douce, acide et semblable à celle du biotope d'origine. Les œufs éclosent au bout d'environ 24 heures, et les alevins nagent quelque 70 heures plus tard. A partir de ce moment, on doit retirer les parents du bac de reproduction. Des flocons pulvérisés entre les doigts, tels que ceux de Tetra Baby Fish Food, constitueront la première nourriture.

A partir de ce moment, une aération fine, provoquant un léger courant, assurera la répartition de la nourriture distribuée. Quelques jours plus tard, on y adjoindra la nourriture en flocons TetraOvin favorisant la croissance. Cinq jours plus tard, on la distribuera seule. Au bout de deux semaines, on effectuera un changement partiel de l'eau, qui devra être renouvelée à intervalles de trois à cinq jours. Ainsi soignés, les jeunes *C. nanum* deviennent vite de vigoureux petits pensionnaires.

**De nombreuses espèces d'*Anubias* croissent émergées dans les cours d'eau du Cameroun.**

## ➧ *Ctenopoma ocellatum*
PELLEGRIN, 1899

Cette grande espèce de *Ctenopoma* a reçu de nombreux noms vernaculaires en Allemagne, tels que « poisson de brousse léopard », « poisson de brousse ocellé » et « poisson de brousse strié ».

Le nom de « léopard » provient de fréquentes confusions avec *C. acutirostre*, avec lequel il présente une grande ressemblance morphologique. *C. ocellatum* atteint en

*Ctenopoma ocellatum*

général une taille de 12 à 15 cm de long en aquarium. La littérature spécialisée mentionne toutefois des longueurs allant jusqu'à 30 cm, qui doivent être considérées comme exceptionnelles. Cette espèce n'ayant malheureusement que rarement été importée, il en existe peu d'observations. Ces poissons sont généralement proposés dans le commerce à la taille de 5 cm. La distinction des sexes n'est possible que chez les grands spécimens. Cette espèce étant manifestement un pondeur libre, dont les œufs se développent sans soins, seuls les champs d'écailles épineuses situées derrière l'œil et sur le pédoncule caudal sont des caractères sexuels fiables. On ne connaît pas pour le moment de différences dans la coloration ou la forme des nageoires.

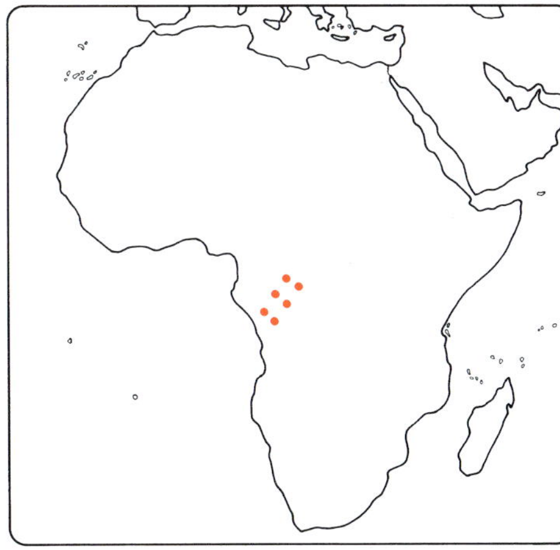

**Répartition géographique de *Ctenopoma ocellatum*.**

## Milieu naturel

Cette espèce est originaire du système fluvial du Congo au Zaïre. En font partie les environs de Stanley Pool, près des villes de Kinshasa et Brazzaville, jusqu'à la région des chutes de Stanley, ainsi que les eaux tantôt rapides, tantôt calmes du fleuve Congo et de ses nombreux affluents. Elle vit souvent aux côtés de *C. acutirostre,* dans la description duquel d'autres données concernant le biotope ont été fournies. *C. ocellatum* fait partie des espèces crépusculaires. Il se tient souvent presque immobile entre deux eaux, seules les nageoires pectorales s'activant, telles de petites rames, à faire dériver le poisson comme une feuille, à la recherche de quelque chose de comestible. *C. ocellatum* est totalement inoffensif et non agressif envers d'autres espèces. Seuls des poissons très petits, susceptibles d'entrer dans sa bouche, ne peuvent être tenus en sa compagnie. Affamé, il pourrait les happer d'un déploiement instantané de ses mâchoires.

## Maintenance

Cette espèce ne pose pas de problèmes. Le bac de maintenance doit être pourvu de zones densément plantées, ainsi que de cachettes sous forme de cavités rocheuses ou de racines.

La maintenance avec des espèces d'autres genres à nage très rapide n'est guère recommandée, car *C. ocellatum* recherchera les emplacements calmes et ne se laissera guère observer. La maintenance spécifique est également à éviter. Cette espèce a besoin de compagnons de bac, et devient alors très familière. Par ailleurs, l'aquarium ne devra pas être trop petit. Le «grand aquarium pour anabantoïdes» sera idéal. Les caractéristiques de l'eau sont manifestement secondaires, mais dans la mesure du possible, elles devront tendre vers des valeurs douces et légèrement acides. Sa température doit se situer entre 25 et 27 °C. Une légère agitation est nécessaire, car ces poissons se laissent volontiers dériver dans le courant. On les nourrira en alternant les nourritures en gros flocons telles que TetraMarin et tablettes fractionnées, comme celles de Tetra TabiMin ou de TetraTips FD. Un changement régulier de l'eau sera effectué toutes les deux à trois semaines, d'un quart à un tiers de la contenance du bac, ce dont *C. ocellatum* vous remerciera par sa vitalité et sa croissance. On ne connaît malheureusement pas de reproduction réussie de cette espèce.

## Ctenopoma pellegrinii
(BOULENGER, 1902)

Cette espèce put être importée pour la première fois en 1986 par Heiko Bleher. Cet anabantidé africain, remarquable par son corps allongé atteignant 10 cm, est vraisemblablement un pondeur libre. Son patron maillé de 13 à 15 bandes transversales et d'une tache sombre allongée horizontalement sur le pédoncule caudal, s'étendant jusque sur la nageoire, est caractéristique. Ces poissons peuvent être considérés comme paisibles et se tenant bien en compagnie d'espèces pas trop petites. Ce sont des nageurs vivaces, qui réclament une nourriture en gros morceaux. Ces poissons ont été récoltés à 10 km au sud de Kindu, au Zaïre. Bleher a également capturé en 1986 les spécimens qu'il a importés dans les environs de Kindu au Zaïre. Ces poissons vivaient dans un petit ruisseau près de Lualaba, en provenance du sud du Zaïre. Les duretés totale et carbonatée étaient inférieures à 2° fr., la conductivité était de 65 – 75 µS/cm à une température de 29 °C et le pH de 4,8. Il s'agit donc d'eaux très douces et acides.

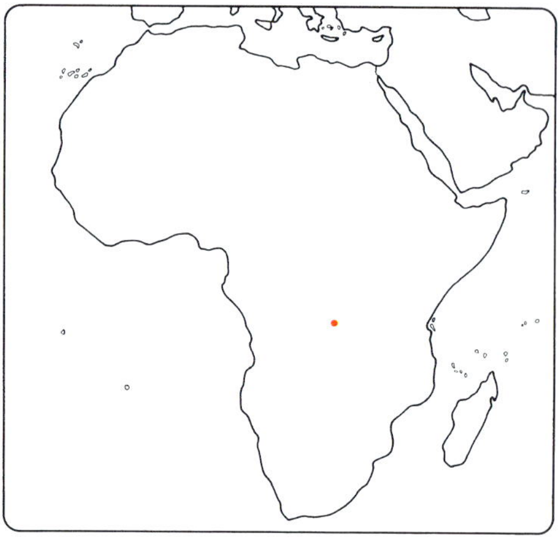

Répartition géographique de *Ctenopoma pellegrinii.*

Leur maintenance dans une eau mi-dure à dure et alcaline s'est toutefois avérée sans problèmes. On ne connaît rien encore sur la biologie de leur reproduction.

*Ctenopoma pellegrinii*

## Ctenopoma sp. aff. ctenotis

Cette espèce de détermination incertaine, importée en 1986 par Heiko Bleher, présente des similitudes avec le petit *Ctenopoma nanum*, et semble correspondre à *Ctenopoma ctenotis* (Boulenger, 1920). Alors que *Ctenopoma nanum* présente une coloration générale essentiellement grise à brune, cette espèce probablement différente est brun clair à jaune argile. Les flancs présentent également un patron atténué. *Ctenopoma sp. aff. ctenotis* fait sans aucun doute partie des constructeurs de nids de bulles. D'après les observations actuelles, il atteint une longueur totale de 6 à 7 cm. Cette espèce a été pêchée en compagnie de *Ctenopoma pellegrinii*, dans la région de Kindu au Zaïre. Les poissons y vivaient dans un petit ruisseau près de Lualaba, qui rejoint le fleuve Zaïre plus au sud, dans une eau de TH et THCa légèrement en dessous de 2° fr., d'une conductivité de 65–75µS/cm pour une température de 29 °C et d'un pH de 4,8. Bien que de nombreux exemplaires de cette espèce aient pu être importés, la reproduction n'a pas encore été obtenue.

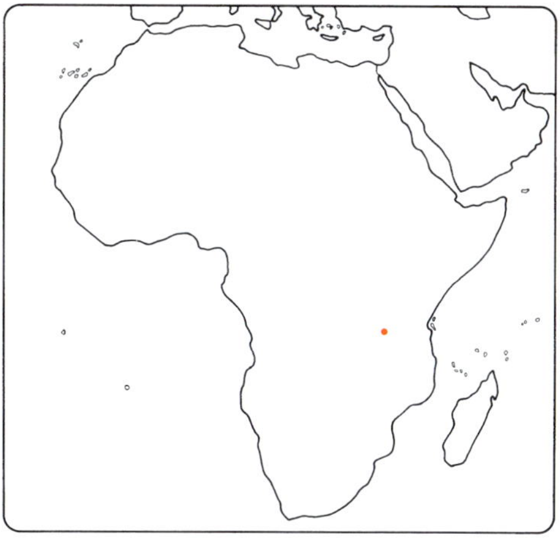

Répartition géographique de *Ctenopoma sp. aff. ctenotis.*

*Ctenopoma sp. aff. ctenotis*

## ➧ *Ctenopoma weeksii*
BOULENGER, 1896

La dernière espèce de notre inventaire des *Ctenopoma* atteint une longueur de 10 cm et fait partie des plus maintenues. Par suite d'une décision de la Commission de nomenclature zoologique, le nom très répandu de *Ctenopoma oxyrhynchum* doit laisser la place à celui de *C. weeksii.*

*Ctenopoma weeksii*

La distinction des sexes ne peut reposer sur des différences de coloration ou de forme de nageoires, mais seulement, chez les grands spécimens, sur les zones d'écailles épineuses situées derrière l'œil et sur le pédoncule caudal, plus développées chez les mâles.

## Milieu naturel

La localité mentionnée lors de la première description est Yembe River, du système de l'Oubangui, au Zaïre. On ne possède apparemment pas d'informations sur les caractéristiques de l'eau et sa température. La maintenance de cette espèce est sans problèmes. Ce poisson n'a pas d'exigences particulières et fera un paisible compagnon de bac pour tous les poissons pas trop petits. Son aspect présente de nombreuses similitudes avec celui de *C. acutirostre* et *C. ocellatum*, mais son comportement est plus vif. On ne doit donc pas le tenir en bac trop petit. Un bac de 70 cm de long, 40 cm de large et 30 cm de haut sera un minimum. Il sera préférable d'y mettre une plantation en massifs denses et quelques cachettes sous forme de racines et de cavités. Pour le sol, un gravier de 1 à 3 mm de granulométrie s'impose. Une bonne filtration produira un léger courant d'eau. Cette filtration pourra s'effectuer sur filtre Tetra Brillant, dont la cartouche rainurée est très efficace, et qui peut être doublée d'une deuxième cartouche pour les grands aquariums. La température de l'eau se situera autour de 25 °C, et le bac de maintenance sera normalement éclairé, à raison de 0,5 W par litre. En ce qui concerne l'alimentation, nourris au TetraMin, une nourriture d'appoint riche en vitamines, et au TetraPhyll, riche en apport végétal, les *C. weeksii* croîtront vite pour devenir de beaux et vigoureux exemplaires.

## Reproduction

La reproduction n'est apparemment pas difficile et a souvent été réussie ces dernières années. Les poissons proposés sont vraisemblablement des spécimens d'élevage, ce qui accroît manifestement leur résistance. Pour la reproduction, on utilisera un couple pas trop jeune, un âge d'environ deux ans semblant, à l'expérience, préférable. Le bac de reproduction sera agencé comme celui utilisé pour la maintenance normale. Les femelles doivent être consentantes et présenter un ventre plein et rebondi. Ces poissons pondent sans construire de nid en s'étreignant à proximité du fond. Les œufs remontent vers la surface et restent accrochés aux plantes. Les parents ne prodiguent pas de soins à la ponte et doivent être retirés du bac de reproduction après le frai.

Lors de la capture à l'épuisette, il convient de faire attention, comme pour tous les *Ctenopoma*, à ce que le crochetage dans la toile du filet ne provoque pas de blessures dommageables. La pêche à la main ou avec une cuvette est de ce fait préférable. Les œufs éclosent environ 24 heures plus tard, et les alevins nagent librement 70 heures après. Leur nombre peut être très élevé, et il n'est pas rare qu'il soit de 700 à 900. Pour favoriser un bon développement des œufs et des jeunes, il est recommandé d'utiliser une eau pauvre en sels minéraux et légèrement acide. L'élevage des alevins n'est pas difficile et peut être mené de la façon décrite pour *C. nanum*.

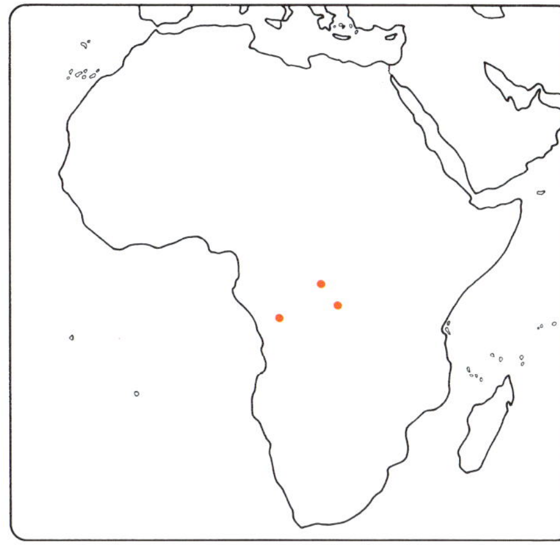

Répartition géographique de *Ctenopoma weeksii*.

# Postface

Je referme avec cette dernière espèce la présentation des poissons à labyrinthe et de leur maintenance. J'ai entrepris ici de représenter toutes les espèces d'anabantoïdes importées en Allemagne ou disponibles dans le commerce, et ceci à l'aide de nombreuses illustrations. Mais je ne prétends pas en faire un inventaire intégral. J'ai moi-même capturé à grand-peine beaucoup d'espèces en Afrique et en Asie, que j'ai rapportées en Allemagne pour les mettre à la disposition des aquariophiles. Ainsi, grâce à la réussite de leur reproduction, de nombreuses espèces rares ont retrouvé une modeste diffusion. Avec ces notes sur les anabantoïdes, je voudrais en outre donner quelques conseils aux aquariophiles néophytes, mais aussi aux « vieux briscards » de ce passe-temps. Si ces lignes ont pu susciter l'envie de tenir l'une ou l'autre des espèces du groupe, le but de ce livre est atteint, car les anabantoïdes font partie des poissons exotiques les plus beaux et les plus captivants.

Puisse ce livre, ainsi que l'Association Internationale des Anabantoïdes fondée en 1979, contribuer à une plus large diffusion de ces poissons multicolores et remarquables.

# L'auteur

**Horst Linke,** technicien en acoustique, est passionné d'aquariophilie depuis ses plus jeunes années. Les combattants et autres poissons à labyrinthe sont parmi les premiers poissons qu'il a observés, et sont encore aujourd'hui l'un de ses centres d'intérêt.

En 1963, il profite d'un voyage à travers le continent noir pour observer le milieu naturel des Anabantidés africains. Un deuxième centre d'intérêt commence alors à se développer chez lui : la maintenance et la reproduction, ainsi que l'étude du biotope des Cichlidés de l'Ouest africain. De nombreux voyages d'étude l'ont conduit en 1973 à travers le Cameroun, le Niger, le Togo, le Ghana, la Sierra Leone, le Kenya, la Tanzanie, ainsi que dans les pays asiatiques du Sri Lanka, de la Thaïlande, de la Malaisie, de Hong-Kong, de Singapour, du Bangla Desh, de Bornéo et de Sumatra. Lors de ces voyages, il put étudier les caractéristiques du milieu naturel des anabantoïdes, qui sont extrêmement intéressantes pour la maintenance et la reproduction. En outre, ces voyages lui ont permis de capturer des espèces qui n'avaient pas encore été observées en captivité et de les rapporter en Allemagne.

De nombreux articles dans les revues aquariophiles rendent compte de ses expériences avec ces poissons, et les documents photographiques en rendent le contenu toujours très informatif. Sa collaboration avec les scientifiques de divers musées et universités a permis de mettre en valeur le fruit de ses observations.

Horst Linke est un aquariophile actif depuis de nombreuses années. Aujourd'hui encore, les Anabantoïdes sont, ajoutés au complexe des Cichlidés ouest-africains, au premier plan de ses recherches. Ses nombreuses conférences dans les clubs aquariophiles et autres associations démontrent la valeur de son expérience. Aujourd'hui, comme par le passé, l'échange d'informations entre aquariophiles reste l'une de ses préoccupations principales.